上海三联人文经典书库

编委会主任　陈启甸

主　　编　陈恒　黄韬

编　委　会　（以姓氏笔画为序）

　　于沛　　王旭　　王晋新　王晓德
　　王海利　王晴佳　卢汉超　刘昶
　　刘北成　刘津渝　刘新成　向荣
　　江晓原　宋立宏　张绪山　张强
　　李剑鸣　杨巨平　杨熙楠　汪民安
　　范景中　陈新　　陈仲丹　陈志强
　　陈淳　　林子淳　林在勇　金寿福
　　侯建新　查常平　俞金尧　贺照田
　　赵立行　夏可君　徐晓旭　晏绍祥
　　高毅　　郭小凌　郭长刚　钱乘旦
　　黄洋　　彭刚　　彭小瑜　韩东育
　　魏楚雄

上海三联人文经典书库
50

法国文艺复兴时期的生活

[法] 吕西安·费弗尔 著
施 诚 译

LIFE IN RENAISSANCE FRANCE

上海三联书店

"十三五"国家重点图书出版规划项目

国家出版基金资助项目

总　序

陈　恒

自百余年前中国学术开始现代转型以来,我国人文社会科学研究历经几代学者不懈努力已取得了可观成就。学术翻译在其中功不可没,严复的开创之功自不必多说,民国时期译介的西方学术著作更大大促进了汉语学术的发展,有助于我国学人开眼看世界,知外域除坚船利器外尚有学问典章可资引进。20世纪80年代以来,中国学术界又开始了一轮至今势头不衰的引介国外学术著作之浪潮,这对中国知识界学术思想的积累和发展乃至对中国社会进步所起到的推动作用,可谓有目共睹。新一轮西学东渐的同时,中国学者在某些领域也进行了开创性研究,出版了不少重要的论著,发表了不少有价值的论文。借此如株苗之嫁接,已生成糅合东西学术精义的果实。我们有充分的理由企盼着,既有着自身深厚的民族传统为根基、呈现出鲜明的本土问题意识,又吸纳了国际学术界多方面成果的学术研究,将会日益滋长繁荣起来。

值得注意的是,20世纪80年代以降,西方学术界自身的转型也越来越改变了其传统的学术形态和研究方法,学术史、科学史、考古史、宗教史、性别史、哲学史、艺术史、人类学、语言学、社会学、民俗学等学科的研究日益繁荣。研究方法、手段、内容日新月异,这些领域的变化在很大程度上改变了整个人文社会科学的面貌,也极大地影响了近年来中国学术界的学术取向。不同学科的学者出于深化各自专业研究的需要,对其他学科知识的渴求也越来越迫切,以求能开阔视野,迸发出学术灵感、思想火花。近年来,我们与国外学术界的交往日渐增强,合格的学术翻译队伍也日益扩大,同时我们也深信,学术垃圾的泛滥只是当今学术生产面相之一隅,高质量、原创作的学术著作也在当今的学术中坚和默坐书斋的读书种子中不断产生。然囿于种种原因,人文社会科学各学科的发展并不平衡,学术出版方面也有畸轻畸重的情形(比如国内还鲜有把国人在海外获得博士学位的优秀论文系统地引介到学术界)。

  有鉴于此,我们计划组织出版"上海三联人文经典书库",将从译介西学成果、推出原创精品、整理已有典籍三方面展开。译介西学成果拟从西方近现代经典(自文艺复兴以来,但以二战前后的西学著作为主)、西方古代经典(文艺复兴前的西方原典)两方面着手;原创精品取"汉语思想系列"为范畴,不断向学术界推出汉语世界精品力作;整理已有典籍则以民国时期的翻译著作为主。现阶段我们拟从历史、考古、宗教、哲学、艺术等领域着手,在上述三个方面对学术宝库进行挖掘,从而为人文社会科学的发展作出一些贡献,以求为21世纪中国的学术大厦添一砖一瓦。

目 录

1 前　言

1 导　言

1 第一篇　文明的剪影

25 第二篇　对知识的探索

43 第三篇　对美的探索

65 第四篇　对上帝的探索

84 第五篇　文艺复兴时期的商人

111 索引

130 译后记

前　言

弗兰克林·L.福特

由于以下几个因素,本书肯定受到读者的欢迎。

一是吕西安·费弗尔长期被排除在受人尊敬的欧洲学者圈之外,但英语世界并未真正了解他。正如玛莉安·罗斯泰茵(Marian Rothstein)在导言中所指出的,费弗尔对路德的研究——不是对拉伯雷的权威研究,也不是对1500年代法国怀疑主义问题的研究——是英语世界唯一能得到的费弗尔著作。论路德的著作出版于50年前,但本书的问题不是时间而仅仅是不足的问题。

这些论文翻译成英语值得高兴的第二个原因与人们对费弗尔最后25年的著述普遍感兴趣有关,尽管在时间上有点颠倒。许多了解费弗尔学术的人首先想到的是费弗尔的晚年,他与马克·布洛赫和其他被他们带入年鉴学派的人似乎总在告诉我们——而不向我们展示——如何撰写历史。具有讽刺意味的是,布洛赫在第二次世界大战中死于纳粹之手,因而受到人们的缅怀和宣传,但是人们关注的不是布洛赫对封建社会、法国乡村史和王权的神秘性等的卓越论述。现在是把费弗尔当作史学家来对待的时候了。在以下各章中,你将看到他是如何处理史料,而不仅仅讨论处理史料的方法。

我们感激玛莉安·罗斯泰茵的另一个理由是,她为我们提供了一些弥足珍贵的事情,即一篇由有鉴别编辑能力的人翻译的重要译文。这种翻译艺术的近期例子,正如在早期近代欧洲史领域一样,包括由R. R.帕尔默(R. R. Palmer)翻译的乔治·费弗尔的《法国革命的来临》,和南希·罗尔克(Nancy Roclker)主编的《皮埃尔·德·莱

1

斯图瓦勒》。当然还有其他例子,但是仅有这些译作仍然不够。

然而本书值得期待的最重要理由也许是它非常有助于我们了解16世纪法国。尽管法文版的论文集和一些概述性著作已经出版,如布兰格(Boulenger)的著作,但是法国学者对该领域相对薄弱的著述状况令人费解,与对中世纪甚至17世纪的研究形成鲜明的对照。在这个国家,拉塞尔·梅杰(Russell Major)对三级会议的研究和沃尔特·凯泽(Walter Kaiser)对《愚人颂》的研究是给予美国人了解法国文艺复兴史中的几部重要著作。然而,相对而言,其他几代著述丰富的史学家留给我们的空白不得不让人感到惊奇。

20世纪初,杰出的多菲内(Dauphine)编年史家和埃内斯特·拉维斯(Ernest Lavisse)的助手埃德蒙德·埃斯莫宁(Edmond Esmonin)曾经对我说过,在综合评价最伟大的民族史时,他的导师几乎绝望地认为16世纪最没有得到史学界应有的重视。尽管人们发现了让·H. 马里约(Jean H. Mariejol)和亨利·勒蒙尼尔(Henry Lemonier)主编的多卷本16世纪史著作中的错误,但这并不是对他们的蔑视。研究16世纪历史的学者,不论收集原始史料还是二手著作,他们的地位都无法与那些为吕歇尔(Luchaire)和朗格罗瓦(Langlois)的多卷本中世纪史提供史料的学者相媲美,也不能与那些为拉维斯(Lavisse)撰写多卷本路易十四时代历史提供史料的学者相提并论。因此,费弗尔年逾不惑、处于学术巅峰时期的论文集就为理解法国历史上最不被人理解的阶段提供了宝贵的见解。

罗斯泰茵女士在导言中概括了作者一生的主要事迹,但是关于费弗尔对宗教改革时期宗教史研究的贡献还需略加说明的是,他对行省的同情(从西班牙统治下的弗朗什—孔泰省开始),和他在斯特拉斯堡大学与马克·布洛赫的富于成果的相遇。值得指出的是,费弗尔对勃艮第东部边境的西班牙领土的积极关注与他后来和布洛赫共同发现法国的另一个混合行省——阿尔萨斯——之间肯定有某种联系,而且这种发现鼓舞了他思考历史的独特方法。学习德国和法国宗教改革史的学生从哪里更好地弯曲他的尺度呢?

让我提两点建议来结束前言吧。一是任何对历史感兴趣的人

前　言

都将从本书发现一些直接、感性细节——字面意义上的用五种感官——的事例，以及重新认识生活意义的事例。特别值得一提的是，如前所述，虽然费弗尔一直被认为是年鉴派的理论家和共同创立者，是一种历史方法论的宣传者，但是他在捍卫更新颖的社会科学时似乎变得越来越不自信。但是在我看来，任何这种描述至多是一幅讽刺画。爱好特殊、切实、文献记录中人类经验的变化——所有这些都是史学家熟悉的特点——的作者揭示了这种曲解。即使崇敬他的译者有时也会指出，他可能过于艰难地驾驭了一些普通主题。在我看来，这里收集的第五篇论文——关于文艺复兴商人——是最不敏感的，反复论述了费弗尔喜欢的观点之———"中产阶级的兴起"。然而，这篇论文还是提供了许多生动而富有建议性的东西。总而言之，本书五篇论文在恢复历史原貌方面取得了杰出的成就。

费弗尔一生主要致力于解决历史的连续性和变化问题。难道他承认或否认经过许多世纪后，西欧由于受到人种演变的影响，人性也许在某些方面发生了变化，但又没有发生根本的变化吗？这个问题的另一种提法让我们回想起康奈尔大学已故教授卡尔·贝克尔(Carl Becker)在他的研讨班上经常提醒大家的话，即面对两种都正确的观点，我们必须决定哪一种对史学家更重要。一种观点认为，事物是变化的，但变化是缓慢的；另一种观点认为，事物的变化虽然缓慢，但是它的确变化了。我敢断言，在这个问题上，吕西安·费弗尔赞成前一种观点，作为对"社会工程师们"的部分警告，他认为人种是最不可能被一举转化成所有未来能够辨认的特性，如果不是性格最相似的话。但是在这些论文中，他坚持认为，人类随着时间的推移的确发生了变化。他坚信我们能够认识16世纪关于美、知识、信仰和安全的理想，但是学习历史的学生必须进行有知识的、感情移入的努力，以便回忆这些理想对法国文艺复兴的真实意义，也就是说，回忆已经远逝的现实。

我向那些希望更清楚地认识500年前法国令人困惑的世界，以及总体上更喜欢强调历史学带来许多问题的读者推荐手头这本书。

导　　言

　　吕西安·费弗尔(1878—1956)也许是20世纪最有影响的法国史学家。他的大多数著作都是论述16世纪：《腓力二世和弗朗什—孔泰省》(1912年),《马丁·路德：一种命运》(Un Destin: Martin Luther, 1922),《十六世纪的不信教问题：拉伯雷的宗教信仰》(Le Probleme de l'incroyance au seizieme siecle: La religion de Rabelais, 1942年)、《热爱神圣还是热爱世俗：〈七日谈〉的作者》(Author de 'amour sacre, amour profane', 1944年)等。上述著作中,只有《马丁·路德：一种命运》已被罗伯茨·泰普勒译成了英语(1929年,纽约出版)。

　　然而,史学研究只展现了费弗尔的一个方面,因为他还是一位勤奋的史学家和史学改革家,宣传他的历史研究方法。他认为一个史学家关注的问题应该包括人类生存所提出的所有问题。1929年,本论文集编辑完成不久,费弗尔和马克·布洛赫(后来同在斯特拉斯堡大学担任教授)创办了《经济与社会史年鉴》杂志(1946年起更名为《经济、社会和文明年鉴》)。在鼓励历史研究突破狭隘的专业领域而涉及社会科学、心理学、伦理学和更传统的哲学、法律、文学和艺术领域方面,这份杂志发挥了重大的影响。费弗尔不仅在自己的著作中,而且在演讲中,在他为《年鉴》和其他杂志撰写的文章和书评中,不辞辛劳地宣传这种史学思想。事实上,这些论著有时变成了宣传他的史学主张的平台和临时演讲台。1953年,他收集了这些文章、评论和演讲,以《为史辩护》之名出版,他认为这个书名表达了他对正在进行的战斗的感情,因为他认为这是为了历史学而值得的战斗。对他同时代和后来的人来说,费弗尔的重要性在于他既是一位史学理论家,又是一位史学家。

Life in Renaissance France
法国文艺复兴时期的生活

在费弗尔看来，19世纪末，他学生时代学习的历史似乎只是有关外交和政治事件细枝末节的大杂烩，枯燥的事件一个接着一个，每个后果与其原因紧密相连。费弗尔的历史学论著很少枯燥乏味，因为它总是开门见山地提出一个问题，然后逐渐寻找答案，最终又提出一个新问题。它之所以不枯燥，是因为费弗尔认识到，一直出现并有待挑战或打破枯燥概括的个体和特殊性世世代代被重复，并被当作教条而接受。它之所以不枯燥，是因为他经常让历史研究过程留在他的文本里，也因为他坚信，使粗糙之处变得平滑的同时也可能使它们更不忠于事实。时代错误是史学家的最大敌人，所以史学家必须矢志不渝地与这种趋势作斗争，坚信历史事实与现在的事实一样："如果它是价格、马匹、感觉或思想的事情，那么不！在一个距今400年如同我们现在的社会，即使仍然以同样文字命名的事物也不可能是相同的。为了能够并敢于对它们进行比较，我们首先必须了解它们，并按原貌评价它们——如果我们能够这样做的话。"（为了整体的历史）这种态度要求史学家利用跨学科的技术回答历史给我们提出的各种问题。像原始档案和回忆录一样，无论成文还是不成文的文学和文化宣言，都是史学家的史料来源。这种研究历史的方法提出了新问题；对感觉、在特定时刻人们的思考及其心理活动的历史的需要产生了。费弗尔是第一批提出并解决这些问题的史学家之一，这些问题仍然是现代历史学面临的重大难题之一。

以下各篇论文说明了费弗尔工作的主要倾向。面对传统的范畴，费弗尔拒绝进行传统的假设。法国宫廷不仅是金碧辉煌、充满魅力的场所，而且经过考察发现，一群侍从经常伴随国王周游全国各地。历史包括生活的各个方面，因此我们必须考虑生活中最简单、最实在的一面：人们在冬天会感到寒冷，甚至在室内也如此。费弗尔提出了人的感觉问题，这些问题似乎太明显，太永恒，而且不会因时间而改变，以致认为它们无需置喙——例如，人们对家庭的看法。这些问题的答案可以在杂志和回忆录中发现。在一个一半儿童不到青春期就夭折、许多妇女死于难产、许多男人死于战争

导　　言

和地方性冲突的时代，人们可能把家庭成员看作短暂的过客。最后，费弗尔认为，历史由奇闻轶事继续下来，因为奇闻轶事保留了历史事件的关系、结构、时间和地点。史学家的任务就是选择轶事，突出细节，并提出正确的问题。

费弗尔认为，史学家必须时刻带着固定的假设来处理史料。他利用这种方式取得的成功、他从轶事中看出最大影响的技巧等，都能从少数例子中得到证明。在本书的第一篇论文中，费弗尔引用了威尼斯驻法国大使的一封信："我的大使任期已有45个月了……我经常旅行……在此期间，法国宫廷从未在一个地方停留2周以上。"而该大使信件的全文如下：

> 我作为大使的任期已有45个月了，在此期间我经常旅行。就在我到达巴黎不久，法王就前往马赛。在炎热的天气中，我们穿过波旁、里昂、奥维涅、朗格多克，来到普罗旺斯。拜见教皇的事宜一再推迟，虽然大家都希望在夏天进行，但是最终他们在11月才得以会见。只带了夏天服装的大使们不得不购置冬装。毛皮服装的价格上涨了50%。我在旅途中丢失了一匹马和一匹骡子。我们从马赛前往普罗旺斯、多芬、里昂、勃艮第和香槟，到达洛林后，法王会见了黑森(Hesse)的兰德格拉夫(Landgrave)。然后我们返回巴黎……当我再次回到威尼斯驻法大使馆时，法国的政局动荡，我们损失了11匹马和马鞍，只有我的骡子幸免……同年，由于法王想出宫，我被迫购买了10匹马，当他召集军队并决定骑马检阅时，法国马匹价格猛涨。因为不能从威尼斯参议院获得补贴，所以我被迫出卖了自己的部分银器。在我担任大使期间，法王宫廷从未在一个地方停留2周以上。

费弗尔没有被威尼斯大使为了获得金钱补贴而精心写作的信件所迷惑。他只关注法国宫廷无休止旅行这个根本的事实，因为它符合他的假设和提出的问题。

3

费弗尔还以同样的方法解读一个私生子(当她母亲的丈夫进行为期10年的商业旅行时怀孕)的故事,在第二次旅行中,还是一个少年的私生子被商人(他的继父)买为奴隶。对费弗尔来说,讲故事者对商人离家的概述是16世纪商人喜欢旅行的证据(第五篇论文)。这个故事的其他部分都被舍弃了。最后一个例子可以简略地提及一下,因为它的史料已被译成了英语:把伊拉斯谟所写的四个朝圣者的故事版本与费弗尔所讲的故事版本相比较,我们就可以清楚地看到,费弗尔取舍史料的目标是多么明确。

终其一生,当然也在这些论文中,费弗尔是他的史学理论的推销员。他对16世纪思想和实际的把握是毋庸置疑的。但有时候他的推销员和宣传家的本能超过了学者的本能。为了充分论证一个论点,他可能夸大了这个论点。有时他沉缅于信条和假设的指导,因为他的另一个信念是,人们不能只看到事实本身;只有当事实被史学家认可时,它们——文献、艺术作品、文学作品——才能被史学家用以检验所假设的特殊问题。例如,虽然他对本论文集所述时代的艺术的观察是准确的,但是他用这种方法把这些艺术作为"中产阶级的兴起"这个假设却是过分的。

费弗尔的伟大品德、博学和质疑传统观点的能力掩盖了这些瑕疵,也许最重要的是,他寻找有史料价值的细节,构建使现代读者能够暂时脱离现实世界理解古代世界的图景的罕见天赋。有过这种经历的读者就能够继续更好地理解16世纪其他作品,不仅用自己的眼睛,而且用这些图景制造者的眼睛。这就是费弗尔在这些论文中提供的发现的天赋。

关于译文的一点说明

本书是完整法语版的译文。这些论文首次发表于《教材与会议评论》第11卷(1925年5月15日)第193—210页;第12卷(1925年6月1日)第326—340页;第13卷(1925年6月15日)第398—417页;第15卷(1925年7月15日)第578—593页;第23卷(1921年12月15日)第57—65页;第24

导　言

卷(1921年12月30日)第143—157页。后来重印在《为了整体的历史》(1962年,巴黎)中。这里翻译和印行的论文得到了巴黎高等师范大学出版服务部的允许。本书前四篇论文自成系列,第五篇论文则论述了与主题紧密相关的问题。

　　作为译者,我尽量忠实费弗尔的原意,如果他是一名说英语的学者。英语译文的文采略逊于法语原文,因为普通书面英语的风格和语调不如相应法语段落的修辞那么优美。法语的句法概念也不同于英语。请把我曾经使用过的五个句子(第97页)与费弗尔的原文进行比较:"在以往的文学作品中,商人的道德和智力特点被概括为守时、简洁和精确:我们在第十九篇故事开头就已经提及过它。《短篇故事100篇》的作者介绍这位高尚而富有的伦敦商人时曾说过,由于'思乡情切,熟悉并经历了世界各地每天突然发生的事情',所以他拥有坚定的意志和过人的胆识。他首先赚取了大量金钱,生产了'极其丰富的商品',奔波五年后才回到妻子身边。然而他很快便再次踏上前往异国他乡冒险的旅程。在履行过程中,他再次患上了思乡病,基督徒和萨拉森人(撒拉逊人)都是如此;十年之间只能很短暂地停留在家,他妻子也很难见到他。"文中发现的椭圆是费弗尔风格的发明,常常作为引起读者思考事情细节的方法。

　　费弗尔的注释都以[LF]标明了。我已经清楚地证明了这些,我在许多页面提供了更全面的参考论著目录。其他所有的注释都是我自己的;它们是为了几个目的。例如,费弗尔假定读者都已经了解法国的学校教育(应该知道,它是全国统一的)。英语读者可能对费弗尔在文中引用的战役或贵族名字不熟悉,所以他们不得不经常回忆很久以前学校所学过的课程内容。我力图用注释来消除这种差异。只要可能,英语译文都列出了参考书或者其他可以得到的英语书籍。古典作品的参考,如拉伯雷或米西列,都列出了篇章名称,以便例如拉伯雷著作的任何版本和译文都可以用。在费弗尔这些论文问世以来又出现了大量论著的领域,我试图在注释中列出特定的参考论著。由于受到费弗尔对这种事情爱好的引导,我有时也在注释中提供了当时事件的补充材料。

M. R.

威斯康辛,麦迪逊

第一篇　文明的剪影

李特在1873年编写的《辞典》中称文明为"被教化的事物的条件；它包括技术、宗教、艺术和科学相互作用而形成的舆论和习俗的实体"。文明是一种产物：道德、物质、知识和宗教力量在特定地点和时间对人类意识产生的影响的产物。[①] 尽管他的定义不准确，但李特肯定同意。坚信这种观点，我们将在下文不再考察或重构文艺复兴早期法国依赖的"舆论和风俗实体"。我们也不像匆匆忙忙的主人那样，在向星期日参观者展示笼子中的每只兔子和菜地里的每个卷心菜之前绝不让参观者离去。我们将考察我们今天仍然崇敬的文明的最高和最原创性的真正的根本特征。我们将发现最适合确定当时人们最大雄心和使命的东西，这些人生活在文艺复兴、人文主义和宗教改革时代，并创造了文艺复兴、人文主义和宗教改革时代，他们对知识、美和上帝的追求。这是本文的主题。

所有这些令人崇敬的活动具有共同特点：人类对自身的想象。历史学就是对人类的研究。[②] 在他的精彩"导言"中，米西列祝贺自己赋予了历史如此美好而坚实的基础：地球。他的说法非常正确。但在那个稳定而变化的基础上，我们必须加上人类。文艺复兴、人文主义和宗教改革都不是抽象的概念，也不是徘徊于西米拉

[①] 费弗尔曾经写过一篇关于"文明"这个词的历史的文章。令人吃惊的是，1766年（英语也大致同时首次出现该词）前"文明"这个词在法语中没有使用。"文明：一个词语，一种观念"，《国际综合周刊》第2期（巴黎，1930年），第1—50页；英译重印本，彼得·伯克编，K.佛尔卡：《吕西安·费弗尔〈一种新历史〉》（纽约，1973年），第219—257页。

[②] 朱利斯·米西列：《世界历史导论：法国绘画，法国历史前言》（巴黎，1831年）。

(Chimera,希腊神话中的狮头、羊身、龙尾的吐火女怪)追求超然理想的天堂化身。为了理解这些重大变化,我们必须重新构建引起这些变化的人们的思维习惯。

这些人的思想与我们的思想相同吗？我知道人的本性是不以时间和地点而变化的。我知道这种陈腔滥调。但那是一种假设,我想为史学家补充一个无益的假设。对史学家来说,就像我们先前偶尔提到的对地理学家一样,人类根本不存在,存在的是人。③他努力探究特别具有原创性的描述、特别的符号、所有那些使他们区别于我们的事物,他们的生活、情感或行为都与我们不同。

如果我们想理解什么是文艺复兴、什么是宗教改革,那么我们必须注意16世纪初的人。"重新创造"他们或在他们的真实世界中还原他们是不可能的事,也是不必要的事。让我们少一点雄心壮志吧。通过介绍就足以勾起对他们的回忆,在我们的想象上投射一些典型的剪影。现在观察这些图画将有助于我们后面对他们的理解。

3   20世纪的法国人可用多种方式加以定义,但从根本上说,按照物理现象,其物质存在,三点显得特别突出:城市的、坐着的、优雅的。我们是城市的,我们在城市里生活,而且是在现代化大城市里,它不仅是人口比其他地方更密集的更大聚集,而且是与其他地方的人口不同的地方。例如,城市人口的年龄分布就与乡村不同。城市的儿童和老人比成年人少,城市成年人一般在其他地方度过儿童时代,退休后又离开城市,成年人在城市里度过青壮年时代。我们与乡村之间的联系已经被打破了,也许除了短暂的假期外。在城市人眼里,乡村只是休闲和风景优美的地方,而非体力劳动的场所。

我们是坐着工作的。我们可以大谈旅行,驾驶轿车或乘坐飞机四处旅行,但那只是我们需要坐着的进一步证明。这些机械越来越快的速度、它们的灵活性、通道的便利,事实上,它们提供的舒适使我们无须真正离开家乡而进行长途旅行。现在很难找到离开家

---

③ 参见吕西安·费弗尔:《历史学的地理导言》,E. G. 蒙特福德、J. H. 帕克斯顿英译(1932年,伦敦),特别是第二部分第三章。

第一篇　文明的剪影

乡两到三天旅程的普通人了。

人类变成了城市的、坐着的和优雅的。"舒适"在我们的语言中占有多么重要的地位啊，我们以现代舒适自豪。"舒适"的含义是"方便和物质容易得到"：手指一碰，电灯即亮或灭，室内温度可以不同于自然界的季节变化，正如我们所希望的，冷水和热水随时随地流淌。所有这些和其他千奇百怪的新事物都没能使我们吃惊。但是它们影响了我们身体的物理特点，有助于我们避免一些疾病，使我们成为它们的猎物。它们影响我们的工作习惯、休闲方式、风俗以及作为这些事物后果的思维和感觉方式。那么，我们能否真正声称由于它们仅仅是表面的、偶然的而不值得讨论呢？我们依赖这种技术，它影响我们，让我们为它服务，因为我们是奇特的、根深蒂固的精神。我们多次成为自己创造的欲望的奴隶。从这种意义上说，16世纪的人是自由的。

一

16世纪生活于查理八世、路易十二世、法兰西斯一世统治下的法国人不是城市居民，他们生活于乡村。当时没有现代意义上的大城市。的确，无论外国人还是法国人，都对自己的城市大唱赞歌。他们谈论巴黎就像谈论世界奇迹一样，但这些城市的真实外貌如何呢？我们在旧出版物、宇宙志和地图集中见过16世纪的城市：明斯特、贝尔法斯特（Belleforest）、安托涅·朱·皮内特（Antoine du Pinet）、布劳恩（Braun）和霍根堡（Hogenberg）等。④ 城

---

④　塞巴斯蒂安·明斯特:《宇宙志或世界各地区描述》（巴塞尔，1541年）也许是这些地理著作的第一部，它以大量国家、省和城市的地图和平面图来显示城市的街道。明斯特最初用德文写成他的著作，后来又亲自翻译成拉丁文。不久它被翻译成法文、意大利文和英文。这表明这种书是多么普遍而持续地需求。在1575年巴黎版中，弗朗索瓦·德·贝尔法斯特增加了大量内容。乔治·布劳恩（或布瑞恩）写了一本类似的书，《世界各地的文明》（科隆，1572—1618年），弗兰茨·霍根伯格插图，显示了每个城市平面图和居民服装。这本著作也被翻译成德文和法文，法文版的名称为《世界各地城市大全》（布鲁塞尔，1572年）。卢萨德·奥哈姆把它节译成现代英文版《欧洲的旧城市》（伦敦，1965年）。

市被小垛口的城墙所围绕,城墙上修建了圆形碉堡。一条凹凸不平的小路通往狭窄的城门。城门的吊桥夜晚放下,白天则由机警的士兵守卫。右边是一个粗陋的十字架。一条小道直通小山丘上的绞刑架,这是市民感到自豪的地方,被处以绞刑的人在那里咽下最后一口气。城门上常常悬挂着用长矛刺穿的一颗人头、一只手臂或一条腿,一些面目狰狞的人体被刽子手切成碎块:正义在感觉迟钝的社会中得到了伸张。

通往城门的凹凸不平小路是泥泞不堪的。进入城门之后,街道变宽,因为它是一条穿过城市的主道。一条肮脏的小河流经城市中心,由附近的垃圾堆渗出的粪便污水汇集而成。下雨天,城市的街道是泥坑,晴天则变成了尘土堆,鸡鸭、猪狗和儿童嬉戏于其中,尽管法令禁止。

进入城市,我们发现每个家庭都拥有自己的房屋。像乡村一样,每个房屋后面都有一个花园,木栅栏把花园分隔出一块菜地,仍然像乡村一样。由于城市生活是对乡村生活的最彻底改变,所

农民在剪羊毛

第一篇　文明的剪影

以城市的每幢房屋都带有一个窗户狭小的阁楼,用于储藏干草、麦秸、谷物和各种过冬生活品。每家都有面包炉,女主人和女仆每周用它烤制面包。每家都有榨汁机,每年10月用它酿制葡萄酒。最后,每家都有一个马厩,一副马鞍和一匹马,牲口栏中有奶牛、公牛和绵羊。每天清晨,当邻居吹响放牧的号角时,这些牲口都被牵出去放牧,傍晚再牵回来。

城市充满了乡村气息。乡村气息甚至渗透到城市的房屋里。城市居民在家里接待乡村佃农。佃农每年定期为主人带来农产品,铺满了主人家发亮的地砖。律师在事务所里接待带着野兔、家兔、鸡或鸭的诉讼委托人。⑤夏天,乡村气息渗透到城市的卧室里,卧室地板上散落着树叶和鲜花,闲置的壁炉铺满了绿色植物以保持室内凉爽和芳香。冬天,城市房屋的地砖上铺满了麦秸,以便为人和牲畜保暖。城市日常生活用语也带有乡村气息。一年四季分别从蟋蟀的鸣叫、紫罗兰的绽放、小麦的成熟作为开端的标志。到处是果园、花园、绿树的城市只不过是人口更密集的村庄而已。城市的生活并不比乡村生活更忙碌或者更复杂。城市对其居民没有什么重大影响。

二

绝大多数人口并不居住在城市,居住在乡村的人口也并非全是农民。16世纪法国的所有贵族都在乡村拥有房产。⑥其中一些贵

---

⑤ 《16世纪评论》1922年卷刊登了一幅16世纪的绘画,画中顾客排队向律师缴纳传统的礼物。该画再版于让·普拉塔德《少年拉伯雷在普瓦图》(巴黎,1923年)一书中。
⑥ 下列文献可参见生动而实用的《古代法国的贵族与乡村农民》第二版(巴黎,1903年),皮埃尔·德·瓦谢尔勾画了16世纪乡村贵族的生活。也可参见勒内·德·毛尔德—拉—克拉维尔《法国革命的16世纪起源》(巴黎,1889年),第89—106页。吕西安·洛米尔的《凯瑟琳·德·美第奇王后》(巴黎,1922年)对后者也有帮助。还可参见吕西安·费弗尔:《菲利普二世和弗朗什—孔泰地区》(巴黎,1912年)第九章(贵族的生活)。

5

族居住在宏伟的庄园里。让我们暂时离开古典建筑的正立面和线条优美的大理石雕刻,以一个富有佃农的眼光来观察这些优美的房屋。每个房间都与隔壁房间相通,装饰豪华、呈正方形;前后各一面墙,左右墙壁上各有一扇窗户。从房屋的一端到另一端须依次经过多个房间。这种情况不是法国特有的。在他有趣的《回忆录》中,本尼凡托·切利尼解释了有关尴尬场面富有传奇色彩的起源,他告诉了我们他被托斯坎尼大公夫人扣留的经过。当科西莫·德·美第奇在佛罗伦萨的宫殿派人前去邀请他喜爱的雕塑家时,本尼凡托·切利尼不得不放弃手头的工作,急忙为主人效命。他几乎奔跑着穿过房门,登上楼梯。在觐见大公的途中,他须依次经过一个又一个房间。但这些房间不全是礼仪房,也有私人卧室,甚至包括大公夫人的私密房间。当他穿过这些房间时,这些房间里经常有人。所以,艺术家(切利尼)被迫一边匆匆而行,一边向正在从事其他事情的大人们鞠躬。对于私密房间里的人来说,艺术家的突然出现显得非常唐突,但是切利尼别无选择,大公正在等待,而这又是唯一可行的路径。⑦

　　这种事情发生在佛罗伦萨的乌菲齐宫,与当时法国相比,该宫殿是精致和豪华的楷模。现在还是考察法国宫殿的实际舒适程度。一方面,人们必须咬紧牙关度过寒冬,我们可能对房屋里的巨大壁炉表示崇敬,它有时占据一个方形大房间的一面墙,所以我们的确有理由对它表示崇敬。我们所处的地位,就像一位游客站在安装了中央空调系统的花园中。16世纪,它们也被崇敬,但崇敬它们的人穿着皮装,头戴暖帽。一群伐木工人运来一车车树枝和圆木,添加给一座座壁炉,但这是徒劳的。尚堡(Chambord)或布洛瓦

---

⑦ 本尼凡托·切利尼的《自传》(约翰·阿丁顿·西蒙德英译,纽约),第二章第87页。费弗尔似乎凭记忆引用这段话。在佛罗伦萨像在法国大多数房屋一样,从宫殿的一头到另一头必须通过许多会客室,从它们的楼层平面图也可以轻易地看出来(例如,威尔·吕布克《文艺复兴时期法国的史学》1885年斯图加特出版)。蒙塔尤在他的意大利游记中也注意到,普隆比埃尔镇上的房屋"不大,但是非常舒适,因为通过使用走廊,每个房间都可以独立进出"。(马利斯·拉特编,巴黎,第9页)

第一篇 文明的剪影

本尼凡托·切利尼为法兰西斯一世制作的盐缸

（Blois）所有燃烧的（或冒烟的）壁炉都不符合现代奢侈之徒的要求。远离壁炉的地方则寒冷，当炉火发出劈啪声时，靠近壁炉的人会感到炎热。但人们感到寒冷，即使在室内也感到寒冷。⑧

他们的房屋只是乡村的延伸，没有家的温暖的显著差别。我们能真正地相信，当时人的房屋、取暖、家庭的观念与今天暖衣饱食、依靠中央空调的人的观念一样吗？现在让我们暂时想象如果现代人对他的房屋和家庭没有任何概念或感觉，那么这将显得多么空虚啊！事实上，在想象那些宫殿的真实模样时，人们就会发现自己，像与埃皮斯特蒙（Epistemon）一同前往佛罗伦萨的亚眠（Amiens）修道院修士拉顿兄弟（Brother of Lardoon）一样，怯生生地说："用大理石和花岗岩雕刻的雕像是优美的，我对它们没有一点反感。但是亚眠的点心，发出令人馋涎欲滴香气的古旧烧烤店，是的，甚至那里的姑娘……"⑨这些日常的、有用的和舒适的东西毕竟是有价值的，而且是相当有价值的。

三

无论如何，这种宫殿为数不多：如布洛瓦、谢侬舍（Chenonceaux）、阿扎伊（Azay）、昂布瓦兹（Amboise）、奥绒（Oiron）、博尼维特（Bonnivet）。它们都是特例。非王公贵族的普通乡绅的住宅是一

---

⑧ 当习惯于居住在冬天室内外一样寒冷的房子里的法国人到德国和意大利北部旅行时，看见那里房屋的普通房间由大型陶瓷壁炉供暖，感到非常吃惊。1579年，历史学家雅克—奥古斯都·德·托在穆尔豪斯遇到这样的房间时说。1580年，蒙塔尤前往意大利的途中，在德国的巴登遇到这种新式取暖房间。"我们吸收这种壁炉中的温暖，没有人提出任何反对。过了一会儿，我们习惯了刺鼻的气味。热气似乎宜人了。蒙塔尤先生睡在一个带壁炉的房间，对壁炉赞不绝口，觉得它在漫漫长夜散发宜人的暖气。至少人们没有烧坏脸部火靴子，而且免除了法国房间取暖散发的烟雾。此外，当我们穿着暖和的毛皮外套走进房间时，他们则穿着短袖、光着头坐在壁炉前，只有出门时才穿上外套"。（《游记》，第24—25页）

⑨ 弗朗索瓦·拉伯雷：《第四书》第九章。费弗尔从中摘取了有关段落。

第一篇 文明的剪影

座庄园。人们一生绝大多数时间在庄园的房间和厨房中度过。[10]一般来说,人们一般在卧室或厨房用餐。(直到 18 世纪,法国的房屋几乎都没有专用的餐厅。即使路易十四,在一般情况下,也是在卧室窗户旁的一张方桌上用膳。16 世纪的贵族更不讲究,一般在厨房吃饭。)在一些外省方言中,这个房间被称为"加热房"。这是招徕顾客的赠品。厨房是温暖之地,至少比其他房间温暖。厨房一直生火,从双耳炖锅中散发出来的芳香蒸汽使空气凝重,但可能很暖和,而且所有的人都说喜欢闻。聚集在厨房的人挤作一团,但他们喜欢这种亲近。像所有农民一样,他们憎恨孤独地生活。[11]当时的床就可证明这一点,一张大床常常睡几个人,他们没有什么顾忌或尴尬。单人房间是现代观念。[12]我们的祖辈可能会问,"要单人房干什么?"每个房间进行特定的活动是另一个现代观念。厨房是全家人的聚集之处,也是人们进行各种活动的场所。如果庄园主和他的妻子在家,那么他们就坐在靠近壁炉的高背木椅中。他们的孩子,无论男孩还是女孩,都坐在凳子上。他们在厨房接待客人,如教区牧师、他们的佃户和仆人。忙碌的仆人在女主人警觉的监督下安放和擦洗桌子。租地农场主、农夫和日落时分从田间带着泥土和倦容返回的雇佣劳动者沉重地坐在进餐桌边,吃着粗陋的晚餐,牲畜增加了混乱状态:鸡、鸭在餐桌下穿行,猎鹰落在猎人

---

⑩ 厨房的重要性的证据可从 16 世纪住宅平面图看出来,如乔治·朵扬和罗伯特·胡布雷希特《法国的乡村建筑和资产阶级》(巴黎,1969 年)。奥立弗·德·赛勒斯(1539—1619)在其著名的农业著作中说,当时的乡绅开始让厨房变成了餐厅,他认为这种变化既是势利的,又不能最好地符合地主的利益。他敦促乡绅们建造庄园式的房屋,厨房位于房子的中央,主人和仆人共同使用它,以便克服乡村房屋的"天然孤独感"。《农业景观和乡村贵族》(巴黎,1615 年),第 20—22 页。

⑪ 社会高低等级建造房屋的方式显然也是他们缺乏隐私观念的表现。让-路易·弗兰德林在《论家庭》中进一步讨论了这个问题。巴黎,1976 年,第 92—102 页。

⑫ 见诺尔·杜·费尔:《乡村漫话》第六章"过去与现在的睡眠变化"。弗兰德林《论家庭》第 97 页曾经提及,布列塔尼的房屋、家庭和仆人一般共用一张床。床是一个社会场所,包括在学生行为准则中:"在床上不准说话;庭院里交谈。在床上要保持安静;躺下时身体要伸直,不许偷盗同床的衣服,不许抖动和转身。"乔万尼·苏尔皮提乌斯:《餐桌礼仪》(牛津,1949 年),第 2 页,一首 15 世纪诗歌的现代译本。

9

Life in Renaissance France
法国文艺复兴时期的生活

16 世纪农民的生活

第一篇　文明的剪影

的肩膀上,家犬蹲在主人的脚边,它们在麦秸中伸展四肢或在女主人裙子下抓跳蚤,或在壁炉边烤火取暖时,家犬犹如一个家庭的侍从。

　　人们逐渐地,有顺序地、有礼貌地食用面前的食物。面包很少用小麦粉制作。[13] 浓酸的菜汤,用小米或除壳的谷麦熬成的粥取代土豆和用盐加牛奶鸡蛋制成的面食。[14] 一般来说,餐桌上的每个人都有一片稍微乏味的厚面包。[15] 就餐者以三根指头从公用盘子中取用。[16] 除了婚礼和其他特殊场合,人们很少能吃到肉食。腌猪肉

---

[13] 在一些山区无法生长的小麦一直比裸麦、大麦、燕麦、粟或其他谷物更昂贵。在短缺时期,谷物价格比其他食物上涨得更快,小麦价格上涨得最快。见 C. 凡林登,J. 克莱贝克斯,E. 斯科里尔,"16世纪比利时的价格和工资发展趋势",彼得·伯克:《早期近代欧洲的经济和社会,〈年鉴〉杂志论文选编》(纽约,1972年),第61页。几乎各国政府都管制面包价格。每条面包的价格被固定,尽管它的重量随着收成的丰歉而变化。这种制度(与现代制度相反,现代价格制度规定,重量不变,而价格上涨)表明,16世纪的人对饥饿的防备方法更少。他们购买日常食用的面包,当年成不好时,他们的食物就减少。在真正的坏年景(这种饥荒几乎隔几年就出现),面包就得用燕麦、大麦、粟、豌豆、栗子,甚至橡树果子制成。

[14] 新大陆的土豆于16世纪首次传入欧洲。此后两个世纪里,它被当作较好的牲口饲料和赤贫者的口粮。

[15] 在没有水力推动磨坊的地区(冬天河流结冰,夏天河流干涸),这样的饮食也难以得到。在这些地区,面包需要烘干储存,然后发湿,以便切成小薄片,食用时放入汤或牛奶之中。参见马塞尔·阿尔德:《磨坊与面包史》(巴黎,1948年),第244页。

[16] 最重要的菜可能包括一种蔬菜汤,加上面包或其他淀粉,加上小片肥肉调味。关于16世纪普通饮食——与宴会相比而言——的精确信息是非常零散的。为我们提供信息的文献是诸如协会的纪录、食物征税记录;这些文献极其难以解释。有些历史学家认为,16世纪人均肉类消费量比此后两个世纪高。例如,支持费弗尔观点的 B. 本纳萨计算出,1580—1590年,西班牙瓦罗多利德地区年人均肉类消费量约40磅,或者每周不足1磅。"16世纪西班牙人均食物消费量",让—雅克·赫马丁克尔主编《食物消费史》(巴黎,1970年),第53页。当时在地中海上的法国水手每天配发的食物为:1.75磅面包、1.5盎司肉、0.75盎司鱼、2盎司奶酪、1.5盎司米饭、1盎司油、2夸脱葡萄酒。新鲜蔬菜和水果根据饮食而增加,以防止坏血病(新水手当然有菜园为他们提供这些)。水手饮食达到4000卡热量,其中主要来自面包。米歇尔·莫里内"后书写:荷兰和法国",《食物消费史》,第118页。还可参见 J. 盖伊 & B. 本纳萨尔《年鉴 ESC,30,1976年5—6月号》第402—631页,"档案材料:消费史",它认为肉类消费数量应该更大。

11

Life in Renaissance France
法国文艺复兴时期的生活

虽然一直有，但当时有很多禁食荤菜的日子，斋戒日和四旬节等，人们严格遵守这些戒条，以致常常损害了他们的健康。[17] 如果餐桌上有肉食，那么它们必定是猎物或家禽。16世纪还不知道牛羊肉佐白酒和葡萄酒引起的刺激作用；人们既不知道现代人从日常饮食中获得力量的幻想，也不知道神经系统的瞬间兴奋，而即使最贫寒的现代人也知道咖啡可以带来这种兴奋。16世纪最接近的刺激性食物是香料，但是由于价格昂贵，所以香料的使用受到限制。人们既不喝白酒，也不抽烟；既不喝咖啡，也不饮茶，只是偶尔食用牛羊肉，他们只从香料中获得刺激，以姜、胡椒、肉豆蔻和仔细调制的芥末获得兴奋和刺激。[18]

人们呆在房屋里的时间很少，只有白天吃饭，夜晚睡觉，大雨时节不能进行田间劳动才呆在房屋里。夜生活也与现代不同。人类还没有学会控制黑暗。厨房和卧室只能由壁炉的火光照亮。灯一般是昏暗的，而且被油烟熏黑了，整个房间充斥着油灯散发出来的臭气。我们几乎不能想象，二十多个穿着工装的人在一个大厨房里呆了三四个小时候会是一番什么景象，更不用提关在那里的牲畜。房间里充斥着人、畜的粪便味，剩余饭菜的馊味，还夹杂着

---

[17] 一般来说，星期五和星期六禁止食肉，像斋戒、基督降临节、四旬节前夕一样。路易斯·斯多夫《14、15世纪外省的食物供应和饮食》（巴黎，1974年）第234页认为，这是阿尔勒大主教遵守的斋戒日子数。在斋戒日，鸡蛋、牛奶、黄油和奶油也被禁止食用。

[18] 像土豆一样，烟草也来自新大陆，16世纪末，被欧洲人普遍吸食。从中世纪起，甜露酒和白兰地就能够蒸馏出来，但是它们主要被当作药物。15世纪后期一份文献建议，每天清晨用一点白兰地清洗肠胃。参见路易斯·斯多夫《14、15世纪外省的食物供应和消费》第251页。直到1631年，还有人抱怨说："几个人没有正当理由而长期饮用白兰地、吸食烟草，仅仅为了满足他们的欲望就违反禁令。"罗伯特·曼德罗《法国近代史导论1500—1640年》第二版（巴黎1974年），第302页。R.E.汉密马克英译为《法国近代史导论1500—1640年：一篇历史心理论文》（伦敦，1975年）。咖啡也是16世纪引入的，但是直到17世纪才被普遍饮用。那些购买得起的人大量食用香料，但是马松在《珊瑚战役》（巴黎，1908年，第196页）中提供的香料价格，在一个体力劳动者一天只挣2—7个苏的时代，是天文数字。

（转下页）

灯芯燃烧散发的烟雾,以及放在壁炉前烘干的绑腿的汗酸味。请想象一下,如果要一个孩子在这种条件下读书或研究,那么他怎么能做得到呢?厨房不是为了读书的,也许除了一年四五次倾盆大雨而人们无其他事情可做外。作为最无奈之举,家庭中的某个成员可能会大声朗读旧传奇中的一些章节。每当深夜全家入睡后,主人才拿出账簿,仔细计算家庭收支。对于男主人来说,真正的生活是户外活动,耕作于农田和葡萄园,草地和森林中。他们一边狩猎一边耕种,或一边耕种一边狩猎。真正的生活是去集市或市场,就感兴趣的事情用共同的语言与其他农民交流信息,显然,这些事情既不是政治的,也不是哲学的。星期日或节日,从某些方面看充其量不过是富裕农民的领主开始搂着姑娘跳舞,如果必要的话,他们就打保龄球、射箭或摔跤。

四

你可能要问,宫廷的情况,如果不说更早的宫廷,那么法兰西斯一世、查理八世或路易十二豪华宫廷的情况如何呢?让我们来看一下当时的宫廷吧。"宫廷"一词本身给人深刻的印象,让人产生奢华的想象:宽大的镀金房间,在数千支蜡烛的照耀下熠熠生辉,平时居住在豪华宫殿里的男女占满了这些房间。无论我们想象卢浮宫、圣

(接上页) **每盎司香料的价格**

时　间	香　料	价　格	地　点
1520 年	肉桂	1 苏 6 第纳尔	弗兰德尔
1520 年	丁香	3 苏 1 第纳尔	弗兰德尔
1542 年	胡椒	7 第纳尔	苏瓦松
1543 年	生姜	1 苏 6 第纳尔	苏瓦松
1567 年	生姜	1 苏 3 第纳尔	马　赛
1567 年	胡椒	1 苏 5 第纳尔	马　赛
1567 年	丁香	2 苏 10 第纳尔	马　赛

日耳曼宫、枫丹白露宫、尚堡,还是后来的凡尔赛宫,它们只有外观和式样的差异,其他差别很小。但是宫廷一直是特权场所,那里居住着大人物,他们的每一件服饰价值昂贵,他们过着奢华舒适的生活,宫廷里有持续不断的宴会、招待会和其他娱乐活动。毫无疑问,宫廷里有懒汉和庸人,但也不乏机智的谈话、幽默短诗或警句。

1525年左右的法兰西斯一世

但是这种想象的破灭需要学者的耐心工作,他们对王室秘书处的信函和文献进行了收集和整理。我们从中可以逐渐重构法兰西斯一世30年统治的各种活动。假设我们随意打开了1533年的文献。[19] 当时法兰西斯一世年届40岁,他的头发已经变得灰白,他的眼神

---

[19] 《法兰西斯一世行踪录》10卷,(巴黎,1887—1908年),第八卷"巡游"第481页(1531年)。

第一篇 文明的剪影

正在变得凝重,他的鼻子正在长长。巴黎和其他地方的贵妇在国王身上打下了沉重的烙印。早先在帕维亚遭到的不幸消除了他的许多魅力。[20]

1533年元旦,法兰西斯一世在巴黎的卢浮宫,他已经在那里度过了1532年的12月,而且将在那里度过1533年的1月和2月。他在同一座宫殿里呆3个月!这不像国王的正常习惯。不久他将转向另一种生活习惯。3月,国王启程巡游。首先他旅行到瓦卢亚和苏瓦松。3月7日,他到达塔兰杜瓦河上的拉费尔(La Fere-en-Tarendois),15日抵达苏瓦松,17日到达柯西(Coucy)。然后他掉头向北。20日到达马尔勒(Marle)和拉费尔(La Fere),21日到达毕贝蒙特(Bibemont),22日到达吉斯,24日返回马尔勒(Marle),然后转往香槟,28日他来到科本尼的圣玛考尔(Saint-Marcoul de Corbeny);次日到达科尔米西(Cormicy),30日到达兰斯,这是法王加冕的城市,但他停留的时间也不长。4月3日他经过塔兰杜瓦河上的拉费尔来到蒂耶里堡(Chateau-Thierry),停留了3天。4月7日他到达莫城(Meaux),由于该星期是复活节,所以他在那里停留,参加复活节活动。直到4月19日,他来到枫丹白露宫,停留了一周,26日经过蒙塔日(Montargis)和洛因河边的查狄龙(Chatillon-sur-Loign)到达吉恩(Gien)。然后他出发前往布尔日,于5月2日到达,3天后离开。巡游了波旁地区(Bourbonnais)之后:伊苏丹(Issoudun)、米兰特(Meillant)、塞里伊(Cerilly)、波旁拉尔尚博(Bourbon-l'Archambault),再次前往穆兰(Moulins),在那里呆了4天。在罗阿那(Roanne)稍事停留4天后,国王于5月26日来到了里昂,在那里住了一个月,当然他多次巡游了里昂附近各地。6月底,国王离开里昂,渡过福雷(Forez)河,7月10日到达克莱芒—费

14

---

[20] 1525年2月,围攻意大利城市国家帕维亚时,法兰西斯一世被俘,关押在马德里近一年。帕维亚战役是法国对外关系史上的一个转折点;《马德里条约》(1525年)及其后的《康布雷条约》(1528年)标志着法国对意大利的野心的终结,同时法国被迫割让弗兰德尔和阿托瓦等省。

15

兰德(Clermong-Ferrand)。之后他漫游于从里永(Riom)到伊苏瓦尔(lssoire)和维克(Vic)之间的奥劳涅(Auvergne)各地。一周后他到达瓦莱(Valay)。7月17日来到偏远的波利尼亚克(Polignac),次日到达拉皮(La Puy),滞留2天,24日到达罗德兹(Rodez),25日前往图卢兹,并停留到8月第一周。8月9日国王到达尼姆(Nimes)。从8月29日起,他在阿维尼翁停留了12天。9月15日他到达阿尔勒(Arles),21日到达马提尤(Martigue),22日到达马里尼亚纳(Marignane),10月4日进入马赛。我们再也不叙述他的旅程了。显然,法兰西斯一世这一年旅程还不止这些。当国王跋山涉水四处漫游时,他是国王还是游侠呢?还是"飞翔的荷兰人"的"唐吉诃德"翻版?

宫廷一直伴随国王巡游,跟随他走大道,穿森林,跨河流,越田间,与其说是一座宫廷,倒不如说是一列长途旅游火车。或者更准确地说,它是一支每日行军的军队。国王到达之前,先行人员已为他搭好了"行营":军需官负责寻找住所,一群擅长烹饪的厨师负责饮食。骑着通常由国王慷慨赐予的老马,他们从黎明就先行赶到晚上国王宿营的地方进行准备,它可能是一幢简陋的乡村房屋,一个乡绅的庄园,或一个大贵族的府第。或者,如果需要的话,国王就在大帐篷中宿营,帐篷由一匹骡子驮着随行。根据国王的喜好,帐篷可能搭建在任何地方,或田间或草地。[21]

一旦先行人员动身,宫廷成员也开始离开。首先是国王及其卫队、官员、宫廷的骑士:当他经过一个村庄时,教堂敲钟致敬,教士则在路边迎候。在田间劳作的农民远远看见国王一行,就匆忙跑

[21] 这些细节都来自《法兰西斯一世行踪录》提到的各种记载。奇怪的是,没有人对这个时期法国宫廷进行研究。此后一个时期法国宫廷的研究可参见 M. 德罗西《黎塞留,红衣主教》(巴黎,1923年)。1578年,红衣主教黎塞留之父弗朗索瓦·杜·普勒西斯被任命为王宫总管,他的职责是维持国王行宫及其周围的秩序,管理宫廷官吏和仆人。普勒西斯书中的第二章参考了1578年前的史料,专门研究这些职责。罗杰尔·杜赛特《16世纪法国的制度》2卷(巴黎,1948年)概括了王宫各种成员的职责。

第一篇 文明的剪影

法兰西斯一世父子与御前会议成员

去迎候。农民看见国王被一群衣着华丽的骑兵簇拥,或骑马或坐在一乘由强壮的骡子拖曳的轿舆中。国王身后是宫廷贵妇,她们白天与男人同行。像国王一样,她们也过着战场士兵般的生活。持续旅行可能最后变成了人们喜欢或作为怀恋乡愁的生活方式。但它不是一种安逸或休闲的生活,不适合身体虚弱的娇贵妇女。

宫廷贵妇都不是身体虚弱的人。由于 16 世纪碳素描画的流行,所以她们的肖像被保留下来了。这些肖像的收藏品,尤其是用各种方法绘制的最漂亮、最有权势的宫廷贵妇的肖像收藏品,即使在最边远的地方也能发现。但在这些收藏品中,我们也感到很失望。当时的文献充斥着对这些贵妇的恭维之词。例如,在一座图书馆中,蒙特摩尔(Montmor)收藏室就保存了美丽无双的贵妇肖像,这个收藏室曾经属于王廷总管的妻子布瓦西夫人(Madame de

17

Life in Renaissance France
法国文艺复兴时期的生活

Boissy)。这幅肖像有原稿标题。㉒首先我们看到的是国王和邦尼维的情妇夏多布里昂夫人(Madame de Chateaubriand)及其他情妇的肖像,㉓她们都不以之为耻。她是莱斯坎(Lescun)、莱斯帕尔(Lesparre)和不幸的劳特里克(Lautrec)的妹妹。㉔看着这些大美人的肖像,我们会发现一位肥胖的金发女郎,脸部平坦,双肩长得也一般。标题给我们透露了一线天机:"长的比画像更漂亮"。我们还发现了勒克特朗格夫人(Madame de L'Estrange)。她在当时情歌中的名字与"天使的脸"(face d'ange)押韵,但现在她的脸似乎在一些廉价而坚硬的木板

17

亨利二世肖像

上被削平了。狄安娜·德·普瓦杰(Diane de Poitier)先是老王法兰西斯一世的宠爱,后又成为其子亨利二世的新宠,她必定是一个能

㉒ 有关这个主题的更多信息可以从 H. 布肖特《国家图书馆藏 16、17 世纪肖像画》(1884 年);《16 世纪的宫廷贵妇及其画师》(1888 年)和《布兰托梅的贵妇》(1890 年);路易斯·狄美尔《16 世纪法国画师和肖像画史》(巴黎、布鲁塞尔,1924 年),它收集了现存所有 16 世纪绘画和肖像画。路易斯·狄美尔的另一本书被翻译成英文:《16 世纪法国的绘画》(伦敦,1904 年),其中第 2、6、9 章都论述肖像画。1970 年的克罗特展览会展出了大量绘画作品:《克罗特与法国王宫》(巴黎,1970 年)。

㉓ 纪尧姆·高菲尔·德·邦尼维是法兰西斯一世宠信的海军上将,担任最重要的军事和外交职位。1525 年他建议法兰西斯一世攻打帕维亚,结果法国战败,国王被俘,邦尼维本人也被杀。

㉔ 德·夏多布里昂夫人是弗瓦克斯伯爵高斯通之女。她的 3 个兄弟像父辈一样,都以军人而取得了显赫的名声。劳特里克(奥德特·德·弗瓦克斯)在 1512 年拉万纳战役中严重受伤。1521 年,他从神圣罗马帝国军队手中夺取了帕尔玛,但次年被打败,退出意大利。他在帕维亚再次受伤。1528 年进攻那不勒斯时,他和许多士兵一起死于瘟疫。

第一篇 文明的剪影

将其权势始终保持的非同寻常的女人,尤其是这两个男人还性格迥异。在蒙特摩尔收藏室,她的肖像画标题是"一道漂亮的风景,一位诚实的伴侣"。她无疑是诚实的,至少在布兰托梅(Brantome)看来。㉕ 至于她的外貌,我们看到,她拥有一张娇美的脸,尖尖的鼻子,眼睛下方是一个早熟的眼泡,一张宽阔的嘴,两片薄薄的嘴唇。这不仅是一幅肖像画的证明,而且是 1525—1550 年间绘制的 6 幅肖像画中的 5 幅,所以没有什么决心能使我们的审美观可以与我们的祖先相比:对我们来说,那张脸既不妩媚也无特色,既不优雅也不美丽。㉖

奇怪的是,这些贵妇、公主或宫廷宠妾的肖像几乎都没有表现出优雅或尊贵的感觉。也许当时的优雅就是质朴和随意。但是坦率地说,她们经常骑在马上,在户外,在刺骨的寒风中,历经雨雪,几个星期不休息或连续旅行几个星期,除了简陋的住宿外,无需其他任何东西,她们怎么能使自己的形象高雅而且保持光鲜的外貌呢?当宫廷贵妇伴随国王巡游时,她们是一道悲情的风景。年龄最大的在轿舆里恹恹欲睡,其他人则随骡子的步伐而起伏,或

凯瑟琳·德·美第奇
(1519 年—1589 年),
法国亨利二世的王后

㉕ 布兰托梅(皮埃尔·德·布尔德雷斯,布兰托梅庄园主,1540—1614 年)是《名人和英勇军人列传》和《贵妇列传》的作者,这两本书,特别是后一本与其说是传记,还不如说是宫廷生活轶事、谣言的汇编。其中有些轶事是他的亲身经历。在处理宫廷贵妇时,布兰托梅特别注意记载她们的冒险故事。在他看来,"诚实"意味着做一个贵妇或绅士,按照宫廷社交的标准生活。

㉖ "嘴巴紧闭,鼻子收缩,脸上表情长期受到染料和油膏的侵袭,显得一脸愁苦,甚至达到可笑的程度。下巴上的皱纹由于年龄和瘦削的脸庞而显得尖尖的。"狄美尔:《历史》,第 55 页)这些话足以消除我的疑虑,使我清晰地对待过分严厉的指责。

拥挤在没有弹簧的马车上，随着车轮而颠簸。当乘坐租借来的船只在水流平缓的河流中航行时，她们才能减轻一些旅途劳顿。

1.2万匹马，三四千人（其中不包括妇女，因为她们并非全部都是令人尊敬的人）：国王的行宫犹如一支小军队，由私人提供各种旅行用具，自给自足，过着独立的生活。它带着随行的各种商人，他们由王室总管负责保卫和管理，享有为行宫提供物资的专有权利。随行商人包括屠夫、家禽宰杀员、鱼贩、杂货商、水果商和面包师、葡萄酒商人则批发或零售兼营，还有提供草料、麦秸和橡树的商人。国王狩猎时，一群仆人给予帮助，照看猎犬和猎鹰，查看捕猎网和陷阱。另一群人则负责行宫内的饮食起居，两匹母马装载葡萄酒，以备国王、侍从、王廷总管饮用。厨师及其学徒还要为国王跳舞助兴。当国王的餐桌上缺少肉食时，旅行向导和送快信的人一直随时准备骑最快的马到奥劳涅地区（Auvergne）或勃艮第，为国王寻找牡蛎、贻贝或鱼。

宫廷的巡游生活给各国大使带来了极大的不便。1535年威尼斯驻法国大使马里亚诺·鸠斯提尼亚诺（Mariano Giustiniano）就是其中之一。他在向威尼斯共和国参议院写的报告中说："我担任大使的45个月中……经常旅行……法国宫廷从未在一个地方停留两周以上。"[27]应该承认，在所有伴随国王宫廷巡游的人中，各国外交官受害最大。国王尽量避免与这些观察家接触，因为他们的职业要求他们刺探秘密，所以国王故意让他们为此疲于奔命。国王从不向外交官透露宫廷的行踪。为了摆脱随行外交官，国王经常以狩猎或突然的短途旅行为借口而与他们分道扬镳。但是另一方面，外交官的职业要求他们尽可能接近国王本人。

贵族们不是很勤勉的，伴随国王巡游1—2个月的贵族很少。大多数已经属于宫廷的贵族每年也只伴随国王巡游几周。他们离开自己的土地和家乡，所以总是想尽快返回，而且事实上也的确这么做。他们在家乡才能找到一个熟悉的社会环境并融入其中。而

---

[27] 尼科洛·托马索主编《威尼斯大使论16世纪与法国的关系》（巴黎，1838年），第一卷，第107—108页。在同一卷，还可见到马里奥·卡维利1547年的报告，第55—61页。

第一篇　文明的剪影

法国国王从加冕到驾崩,骑着马,从北到南,从东到西,从阿登纳尔(Ardenner)到普罗旺斯,从布列塔尼到洛林,不断巡游。

五

至此,我们还没有对所讨论的全部问题得出结论。因为导言已经把这些内容及其目的呈现给读者,所以没有必要下结论,16世纪法国的少数景象、路易十二和法兰西斯一世时代的景象,这些都是著名的景象。它们向我们展示了行动,就是说,人们无休止地行动,它是贯穿于所有人类生活的永恒周期。但是如果我不是完全错误的话,那么读者也已经看到,而我假设大家已经觉察到,当他阅读时,16世纪的这种永恒周期并不遵循今天同样的规则。

难道人在理论上是一样的吗?也许。我对其一无所知。史学家与之接触很少,因为史学家关心具体而不是抽象。具体的人,活生生的人,生活于16世纪、有血有肉的人与现代人相似性很小。他是一个生活于乡村的人,是一个牧民,是一个粗俗的人,在这些方面我们与他们完全不同。当我们看到40岁正处壮年的他时,他还有什么危险未能战胜?他还有什么挑战未能应对?首先,他幸存下来了,他度过了16岁,当时至少一半儿童在16岁前夭折。[20]

---

[20] 1925年,费弗尔注意到对法国人口史总体研究的成果还没有出现。情况发生了变化,导致变化的最大单个力量是费弗尔与布洛赫共同创办的杂志:《年鉴:经济、社会和文明》。罗杰尔·莫尔的《14—18世纪欧洲乡村人口史》(3卷,鲁汶:1954—1956年)是这个主题的基本著作。近来的讨论可参见安德烈·博基尔的"人口史",收录雅克·勒高夫、皮埃尔·诺拉主编:《历史学的风格》(巴黎,1974年)第二卷,第74—104页,该书还包括一份参考文献目录。英语人口史论著是罗伯特·曼德罗《法国近代史导论(1500—1640)》第二版(巴黎1974年),第302页,R. E.汉密马克英译为《法国近代史导论(1500—1640):一篇历史心理论文》(伦敦,1975年);彼得·科克斯《人口统计学》(剑桥,1970年);皮埃尔·郭伯特"近来法国人口的理论和研究,1500—1700年",收录于大卫·维克多·格拉斯&D. E. C.艾维斯列的《历史上的人口》第九章(伦敦,1965年)。路易斯·亨利《古代日内瓦的家庭》(巴黎,1965年)第153页说1550—1599年,日内瓦每1000个出生的男婴中有523人在20岁前夭亡。女婴的死亡数字是514人。

家庭账簿清楚地记录了这个残酷的事实。正如葬礼上敲响的丧钟一样。[29]后来,16世纪的人逃避了被称为"黑死病"的致命灾难带来的死亡,黑死病每年使几千人丧生,有时传播成瘟疫,摧毁十分之一的人口。

无论中产阶级还是资产阶级,尽管他的职业与武器和军事无关,但是我们都可以认为,他像士兵一样多次冒着生命危险。当敌人包围了自己的城市时,他赶往碉堡,戴上头盔,手持铁戟,与其他人并肩战斗。像16世纪其他人一样,当他旅行时,他也同样冒着生命危险。无论律师、盲人,还是旅行家在国内旅行,或学生穿越阿尔卑斯山前往意大利的帕都亚或帕维亚大学留学。在离开家乡前,他们都立下遗嘱。当他走进森林地区时,旅行者都会看到漫山遍野黑森森的灌木丛,这是劫匪的藏身之处,当行人独自经过时,他们便趁机打劫。当天黑来到条件恶劣的小旅馆时,疲惫不堪的旅行者又会遇到邪恶的流浪汉和胳膊粗黑的烧炭工人,他们行为粗鲁,长着一幅令人猜疑的脸,悄悄地溜进旅馆里面无表情地饮酒。旅行者只好通宵地守卫在门口、房间,没有火炉取暖,也没有灯光照明。旅行者拔出佩剑,放在木桌上,关紧房门。黎明时,他已经忍受够了,于是悄悄地溜出旅馆,欣喜地发现,盗贼没有偷走他的马匹。[30]

生活是人与季节、桀骜不驯的大自然之间的永恒搏斗。如果一个人成为这场战斗的胜利者,那么他无须经历太多的事故和灾难而成年,但是他们的皮肤黝黑而粗糙,无论从字面上说还是用比喻

---

[29] 在普索特的《日记》中,我们发现了完整有用的1573年记录:3月3日,奥美尔公爵去世;3月18日,普索特的第二个女儿出生;7月7日,他妻子的叔叔去世;8月27日,他弟弟年仅18岁、怀孕5个月的妻子去世。1587年,他的一个兄弟在大斋戒节听布道时去世,因为年成不好;他的双亲去世,因为恶劣的天气。所有这些事件都被作者如实地记录,似乎它们都一样重要。M.亨利主编《兰斯学术帝国的旅行》23,(1856年),第106—179页;25,(1856—1857年),第1—276页。

[30] 这种景象是以费里克斯·普拉特的《可爱的儿子费里克斯:16世纪蒙特彼埃大学医学生报》的记载为基础的,斯恩·简内特英译(伦敦,1961年),第32—33页。

第一篇　文明的剪影

的说法都是如此。如果一条高度敏感的血脉藏于粗糙的皮肤之下,我们根本无法发现它。历史学只得限于记录世界的外表。16世纪,世界的外表既不迷人,也不平静。一个家庭的一个、两个,甚至五个孩子夭折,被未知的疾病夺去生命,诊断和治疗疾病以及护理水平都很低。家庭账簿只记录孩子的出生与病亡。但是账簿的记录者即孩子的父亲传递了更多事件的信息:4月的严霜摧残了秋天收获的水果的幼苗,地震则带来更大的灾害。他的妻子可能因为品德、生育许多孩子,或者善于持家受到尊敬和称赞。但当她去世时,她只给丈夫留下几个孩子,甚至多达五六个,她丈夫则尽快再婚,因为拥有十二个甚至更多的孩子是十分重要的。另一方面,如果一个乡村农民留下遗孀而她又改嫁,那么她不许带走她与前夫所生的孩子,这些孩子将到城市做仆人,或者流落为路边的乞丐。㉛

托马斯·普拉特在回忆录中追述了一种与我们完全不同的生活,虽然我们与他相隔不到七八代。㉜托马斯·普拉特告诉我们——仿佛他正在说完全平常的事,无需大惊小怪——当他父亲去世时,他还是一个婴儿,母亲很快就改嫁,这导致他在童年就变成了流浪儿,他不知道自己有多少兄弟姊妹。他费尽心思才想起两个姐姐和三个兄弟的名字,以及有关他们的一些事情。至于其他兄弟姊妹,他一无所知。他自己后来又被姑妈收养,从此,再也没有听到

㉛ 孤儿一般过得比那些有财产的孩子好。虽然各地的情况有所不同,但是一般说来,这种未成年人被置于两个"家庭教师"的照顾之下,如果他母亲活着,那么她就是其中之一。家庭教师负责提供孩子的所有生活必需品,而这些一般都从孩子继承的地产中支出。当他成年时,他就掌管他所继承的地产上的所有收入。参见 J.伯纳德"社会",收录于罗伯特·博特鲁塞主编《波尔多史》第四卷,1453—1715年(波尔多,1966年),第139—156页,特别是第142—143页。关于家庭教师的简要论述可参见查尔斯·博特尔《公证人记录摘要:阿尔比历史档案》(阿尔比,1901年),第25页;路易斯·德·桑迪 & 奥古斯都·维达尔主编《理性二书:阿尔比历史档案》(巴黎,1896年)第45页。
㉜ 阿尔弗雷德·哈特曼编《托马斯·普拉特》(巴塞尔,1944年)。其英译本为保罗·蒙洛伊《托马斯·普拉特和16世纪文艺复兴的教育》(纽约,1904年)。

母亲的消息。毫无疑问,这是瓦莱(Valais)荒原地区的人的行为。但没有证据表明其他地区的人的风俗不比它更野蛮。的确,与我们最近和最密切的事情——房屋、灶、妻子和孩子——似乎被16世纪当作仅仅是短暂的东西,随时准备放弃,如果受无目的漫游的驱使,受根深蒂固的十字军和违背常规的观念驱使等。任何研究16世纪的史学家的常备手册是伊拉斯谟的《对话集》,它是这个时代的一面小明镜。我们从中能看到这种景象:[③]四个人坐在一张桌旁,他们是中产阶级,爱好和平,坐着的、已婚的、有教养的人,像老朋友聚在一起分享葡萄酒。也许他们喝得太多,酒劲发作,其中一人突然大声说道:"我所有的朋友都讲跟随我去圣地亚哥·托孔波斯特拉(Santiago de Compostella)朝圣。"这是醉汉的冲动,第二个人接着说:"至于我,我不去圣地亚哥,我要去罗马朝圣。"第三个和第四个充当和事佬,建议双方妥协,先去圣地亚哥,然后从那里去罗马,他们4个人都去,为此他们干完最后一杯。他们封存了协议,并发誓遵守它。此后他们再也没有谈论过此事,而履约出发了。第一个香客死于西班牙,第二个死于意大利,第三个死于佛罗伦萨;一年后,第四个独自一人返回家乡,疲惫不堪,未老先衰,整个人被毁了。这个故事不是虚构的,它描绘了不再属于我们的那个时代的习俗。

    这些就是我们希望理解"16世纪历史"时必须记住的事实。我们必须记住,无论喜欢与否,我们都是温室里的产物,16世纪的人则生长在露天世界。

[③] 克雷格.R.汤普森译:《伊拉斯谟全集》(芝加哥,1965年),第6页。

第二篇　对知识的探索

"16世纪"这个词会令人立刻想起"文艺复兴",但什么是文艺复兴?什么是人文主义?它们开始于何时何地?① 对法国、意大利和德国而言,它们是一样的吗?这些是值得我们注意的一系列问题,但不能指望一篇论文就能把它们全部解决。因此,让我们从理论、原则问题、课堂讨论转向直接观察16世纪的人,他们是法国文艺复兴时期朴实、贫穷而流动的人。

首先映入眼帘的是他那张诚实的脸,无论晴天还是雨天,因为一年四季经受风吹而粗糙。他的坚强意志支撑着许多良好的心愿。他的双肩宽阔,但繁重的体力劳动和农民的艰辛使之略微倾斜。想象一下,这样的人如何让自己成为研究对象。他将变成什么呢?答案是明确的:他只能是一位学者,即这样的人将学会所有的知识。他默默地发奋学习,葡萄酒商人曾经表现出这种决心,当他成千上万次地登上陡峭的梯田式葡萄园时,他的篮子背在背上,冒着酷暑或倾盆大雨。他将像收获者那样学习,不知疲倦,周期

---

① 无论文艺复兴前是否存在文艺复兴、文艺复兴是否一种独特发展的程度,文艺复兴与中世纪之间的连续性或断裂,在一定程度上仍然是一个争论的问题。见赫默·哈斯金斯:《十二世纪文艺复兴》(马萨诸塞,剑桥,1927年),后来以梅里迪恩简装本重印(1957年);华莱士·弗格森:《历史思想中的文艺复兴:五个世纪的解释》(马萨诸塞,剑桥,1948年);彼得·伯克:《文艺复兴时期的历史意识》(伦敦,1969年),文艺复兴如何看待自己;弗兰科·西蒙尼:《法国文艺复兴:法国文艺复兴形成中的法国传统与意大利影响》,H.高斯通·霍尔英译(伦敦,1969年;意大利文版,1961年);埃尔温·潘诺夫斯基:《一种文艺复兴和多种文艺复兴》(斯德哥尔摩,1965年),主要强调造型艺术和意大利的文艺复兴。

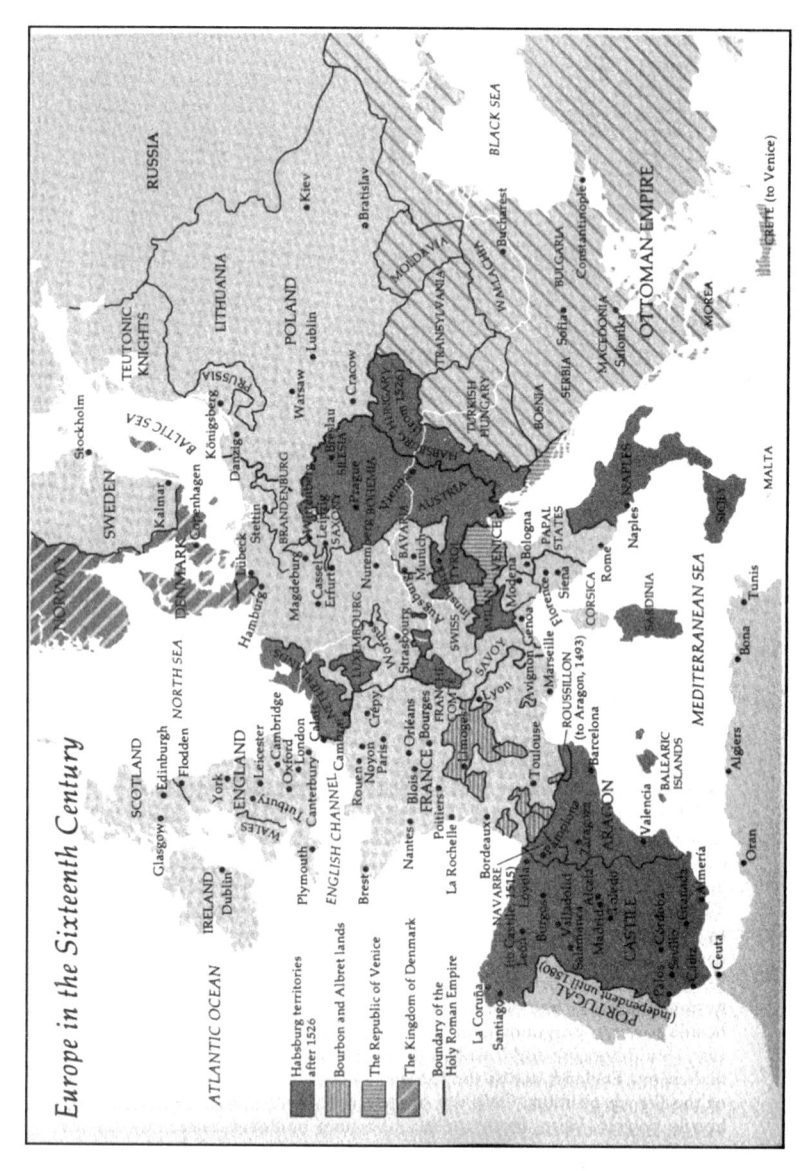

Life in Renaissance France
法国文艺复兴时期的生活

16 世纪欧洲地图

第二篇　对知识的探索

性、不停地在田间一镰刀一镰刀地收割庄稼。这种人深知学习的代价：一个户外劳动者强迫自己坐下来学习，一定是发自内心地尊重知识，父母为圣事、食物、面包、小麦粉制成面包作了示范。正如老人威瑞特（Viret，他帮助瑞士的罗马尼亚人皈依新教）所回忆的，每当童年时代听到家乡山村奥贝（Orbe）教堂的钟声响起，他就能清楚地知道敲钟人所传递的信息。他母亲曾把钟声代表的含义告诉过他。奥贝的钟声一遍遍地响起，"浪漫的面包，在头上砸个包"。小孩也踏着这种歌声上学，"浪漫的面包，在头上砸个包；浪漫的面包，在头上砸个包"。② 16 世纪，通过持续努力征服了精神面包的农民的儿子是把面包屑当回事的人。这是忘我工作而不图回报的人。他怀着如此天真的信念，如此天真的心愿，如此没有深刻的动机去学习，正如我们从不苟言笑的农民身上发现的一样，那种动机完全隐藏在他的犁地工作中，直到犁完为止。

上述概括适合我们所知的 16 世纪的文艺复兴和知识生活。我们必须避免先入为主，因为真正的问题是什么导致这样粗鲁的人去学习？他的动机是什么？首先，答案是和平。

一

15 世纪末 16 世纪初，法国享有威望和安全，一旦发现，人们就一直渴望欣赏各种事物。③ 在意大利的福而诺沃（Fornovo）、米兰、诺瓦拉（Novara）、热那亚、阿基纳德罗（Agnadello）和拉万纳（Ravenna），稍后在马里南诺（Marignano）的胜利给法国带来了空

---

② 查尔斯·谢特勒、亨利·韦瑞梅尔、阿尔弗雷德·施罗德编：《皮埃尔·威瑞特自述：4 世纪西方宗教改革以来著作断片集》（劳桑内，1911 年），第 4 页。
③ 这句话出自勒内·德·毛尔德—拉—克拉维尔《法国大革命起源于 16 世纪：乡村的宗教改革》（巴黎，1889 年），第 3 页。通过把法国人的战争力量推向意大利，16 世纪前期，法国似乎维持了安全和威信，因此有助于国内政局稳定和从国外的战争中取得威信。

前的军事荣誉。④ 从墓地的深度,过去的贵族和昔日的骑士一定自我陶醉。他们在拉·特里莫里(La Tremoille)、高斯通·德·弗瓦克斯(Gaston de Foix)、特里武兹奥(Trivulzio),特别是在拜亚德(Bayard)身上找到了他们的喜好、他们的同侪。⑤ 这些史诗中的英雄受到人们的崇敬,因为他们的功绩建立于法国存在之前。在意大利不断变化的边界中,法国商人和农民辛勤地劳作。

---

④ 查理八世、路易十二和法兰西斯一世控制意大利各地的每次战争都标志着一次重大的胜利,他们认为意大利应该是法国的领土,特别是米兰公国和那不勒斯王国。1495年,查理八世征服那不勒斯。意大利其他城市国家组成同盟,阻止意大利的均势被彻底打破。在福而诺沃战役中,意大利同盟企图切断法兰西斯一世的退路。法国取得了福而诺沃战役的决定性胜利。

　　1498年,吉安—基亚克伯·特里兹奥指挥的法国军队征服了米兰。路易早在15世纪前期就宣称对米兰拥有主权。两年后,米兰的前统治者"摩尔人"路德维柯·斯福查发动反对法国统治的起义,但是在诺瓦拉战役中被法国打败,法国将军路易·德·拉·特里莫里俘虏了路德维柯。此后热那亚也被置于法国的直接统治之下。1509年,路易十二亲率法军在阿基纳德罗取得了对威尼斯的胜利,但是该战役对法国占领意大利没有太大的推动作用。1512年的拉万纳战役也大抵如此,虽然高斯通·德·弗瓦克斯率领的法军确实打破了教皇对罗马纳地区的控制。1515年,法兰西斯一世即位就发动了征服米兰的战争,马利南诺战役的胜利不仅使米兰重新置于法国控制之下,而且赢得了欧洲对法国军事力量的尊重。

⑤ 这4位郡主都是意大利战争的伟大军事统帅。路易·德·拉·特里莫里是绍尔斯子爵和塔尔蒙特领主(1487—1525年),27岁时率领法军攻打布列塔尼公爵而开始其辉煌的军旅生涯,后来在帕维亚战役中阵亡。高斯通·德·弗瓦克斯是尼莫尔公爵,路易十二的私生子,早在他英年早逝于拉万纳战役之前就显示了杰出的军事才能。吉安—基亚克伯·特里武兹奥(1447—1518年)出身于军事世家,是年轻的弗瓦克斯公爵的首席顾问。弗瓦克斯战死后,他接管了军事指挥权,法国取得的马利南诺大胜中发挥了重要作用,但是后来因为失守巴雷西亚而被蒙羞处死。拜亚德或者更恰当地称为"皮埃尔·杜·特拉尔·拜亚德先生"(1473—1523年),也许是当时最著名的战士。他在查理八世、路易十二和法兰西斯一世的军队中都服役过,曾经独臂在加里戈里亚诺桥抵抗200名西班牙士兵。他的英勇事迹是当时两部传记的主题,其中一部被雅克·马勒斯翻译为《关于无所恐惧、无所责备的完美骑士、绅士拜亚德爵士的非常欢乐、愉快、新奇的功绩、冒险、胜利和成就的故事》,爱德华·科克伯恩·金德斯莱译(伦敦,1845年)。

第二篇　对知识的探索

他们都有固定的工作。英国入侵、士兵和强盗的劫掠、路易十一残酷的专制统治和苛捐杂税给不断减少的人口带来了深重的灾难。1470 年和 1480 年，法国到处都是荒芜的田园，废弃的村舍。野狼在灌木丛中潜行觅食。在破败的房舍中，教堂犹如一具躺着的僵尸，四壁残破，教士们都逃跑了。⑥ 路易十二统治时期，法国享受了 30 年和平、富足和繁荣，各地兴建了新房屋、新教堂和新宫殿。⑦ 生活是幸福快乐的，生活的内容就是饮宴、谈笑和跳舞。和平来临了，这是最大的幸福，幸福中的幸福。沉睡了千年之后，世界上的各种手稿、希腊的文献、罗马的古迹在 16 世纪初突然出现了，但是如果没有和平、富足、幸福和安全，谁愿意献身于学术呢？

让我们继续这个话题吧。谁从和平和安全中获益呢？当然不是贵族，因为这时贵族开始陷入贫困或仅仅过着普通公民的私人生活。作为贵族，他们不允许赚钱牟利。他们不想也不知道如何节省他们拥有的金钱。如果国王不赏赐俸禄丰厚的官职或年金，那么他们很快就变得贫穷，甚至丧失贵族身份。

和平带来的利润都被中产阶级捞取了。这是一个由各种因素造成的正在上升的阶级，但首先是因为现代国家正在形成，专业化分工的官僚制度需要受过法律、行政、外交和财政知识和技术培训的人才。除了极少数例外，这些人都不是贵族。他们从中产阶级以及与中产阶级价值观念相同的教士中招募。这些人通过富于技

---

⑥ 战争、黑死病和普遍的混乱引起的灾难使许多城市几乎完全荒芜了。土地返回原始状态，必须重新开垦，并立下新的地界。例如，巴黎南部一城市只剩下 6 幢完整的房屋、7 幢只有墙壁的房屋和 45 幢房屋的地基。伊翁内·贝扎德《巴黎南部的乡村生活 1450—1550 年》(巴黎，1929 年)，第 47 页。有关路易十一时期税收及其相关问题的更多信息可参见 P. S. 刘易斯编、G. F. 马丁译《15 世纪法国的复兴》(伦敦，1971 年)。

⑦ 关于经济复兴的一半信息可参见皮埃尔·伊姆巴特·德·拉·图尔：《宗教改革的起源》(巴黎，1905 年)，第一卷。也可参见费尔南多·布罗代尔：《地中海和菲里普二世时代的地中海世界》，英译本(斯安·内诺德，纽约，1972 年)第二卷，第 893 页。

巧和细致的工作而缔造了现代国家,国家的服务功能和繁荣。他们有钱借给国王,他们也会管理这些钱。由于具有双重力量,他们的前景光明。

　　成功的因素既不是出身也不是继承的财富。财富的确无害,但它不是先决条件。事实上,在获得尊重和地位的人当中,许多人是白手起家。新富人不断涌现,而且将一直存在,但他们(像懒惰的人想象的那样)不会成为讽刺剧的噱头、普遍的病态心理的替罪羊,或者是第一次世界大战之前未知的现象。根本不是。近来的财富是史学家日常的面包,是社会史的调味品。没有人比比利时史学家亨利·皮朗在1914年出版的《资本主义社会史的舞台》更好地证明了这一点。⑧ 他非常清楚地解释了在资本主义发展过程中,每个阶段如何为商人提供特别的条件和可行性。因此,在一个阶段对这种人有用的东西在下一阶段可能不再起任何作用。每种变化自然产生新一代富人。随着时间推移,新产生的富人拥有旧的金钱,一个新的富人集团出现了,新的循环再次开始。16世纪,没有身份和幸运的白手起家者只需要一样东西:知识。⑨ 学术是成功的手段和工具,不仅对新兴的资产阶级个人来说,而且对出身卑微但想获得成功的社会各阶层来说,都是如此。

二

　　满足学术新需求的最佳方法刚刚发明出来:印刷术。常常有人认为,活动铅字的发明是文艺复兴的"原因",因为它使古代伟大作品更容易被人们得到。我不否认这种观点,但让我们关注一下它的时间吧。

　　资本主义兴起的时候,印刷术开始发明,从一开始它就成了一

---

⑧　英译本,斯坦福,克利夫,1953年。也可参见费弗尔的文章:"历史上的新富人",《教材与会议评论》25,第二卷(1922年6月15日),第423—440页。

⑨　见吕西安·费弗尔:《菲里普二世与弗朗什—孔泰》(巴黎,1912年)第二篇,第10章。1970年重印。

种资本主义产业。我的意思是,印刷工人一开始就为拥有必要的生产工具和资本或者从默默无闻的合伙人那里获得这些的老板们工作。资本家和他们的合伙人既不是超前于时代的超人也不是杰出的慈善家。很简单,他们印刷出市场最需要的能够销售出去的产品。其中包括古典作品。起初,从 1480—1500 年或稍后一点,法国印刷商及其后继者的第一阶段,法国的需求是希腊悲剧还是拉丁演讲辞呢?当一个国家有 10 个人能阅读希腊文时,那么对希腊文柏拉图著作的需求肯定很小。[10](而且希腊文柏拉图著作已经在意大利印行,所以真正需要它的人可以从威尼斯或者里昂购买。)

如果使用一种粗略而熟悉的图书分类方法的话,那么真正最想得到和流行的印刷作品根本不是文艺复兴作品,而是中世纪文学作品。这应该理解为,首先是供教士使用的宗教书籍、弥撒书、祈祷书、赞美诗;供虔诚信徒使用的宗教书籍,但更多的是历书,这是今天藏书家梦寐以求的东西。16 世纪初印行的精美书籍都有精巧的镶边、图案、优美的版画插图。这种历书供家庭使用,除了真正的书籍外,它常常是家庭的唯一被阅读的书籍。除了各种祈祷文和其他宗教用途外,历书还有日历。有时历书还包括字母表,以便教孩子认字,历书的前后空白页中,父亲登记了家庭成员的婚姻、出生和去世日子等等。

学校课本、多纳图斯(Donatus)、加图、拉丁语法基础大全、论述道德的浅显论文、简单实用书籍等,都从最早的印刷所里大量印行

---

[10] 关于法国印刷术的开端,参见 H. 奥蒙特:"路易十五时期发端的王室图书馆",收录于《巴黎历史学会文集》,第 20 卷(1892 年),第 207—294 页。此后出现了有关这个主题的几部有用的著作:埃尔斯特·高德施米特《中世纪的文献及其首次付印》(伦敦,1943 年);科特·F. 布勒:《15 世纪的书籍》(费城,1960 年)讨论了人们开始区分手稿与印刷书籍;吕西安·费弗尔和亨利-让·马丁:《书籍的到来:印刷术对西欧的影响,1450—1800 年》(大西洋高地,N. J.,1976 年;法文版,1958 年);鲁道夫·希尔茨:《印刷术、书籍销售和阅读,1450—1550 年》(韦尔巴登,1967 年)。

出来。⑪国王敕令也大量印发全国,法官和商人使用的法令集和习惯法汇编等也大量印行。在法国,成千上万的小册子以低价行销到没有任何学术要求的宫廷警卫室、商人起居室。这些书籍的内容包括英雄或巨人的故事、奇闻轶事和笑话集、皇历和占卜术、牧人日历、食谱,关于高康大(Gargantua)、巫师梅林(Merlin the Magician)的民间传说,或者专门为妇女印行的《高卢女性》。

古典著作也被印刷,巴黎是最早印刷古典著作的城市之一。但是一般说来,这种书籍的印刷比较缓慢和谨慎,只有到市场需要时才会进行。印刷术的确没有造就一批文艺复兴消费者,只有当他们存在时,它才为他们服务。

1420年,想从事学术的人需要一名能讲课、能听写课本的教师。学生坐在教师的身边做笔记。他们尽快地记录,所以错讹很多。他们只能以这种方法获得课本,没有其他方法。手稿是贸易中的奢侈品、珍稀商品。极其珍贵的手稿被锁链锁在讲台上,藏于一些王公贵族家、修道院或保存条件良好的大学图书馆。锁链也许是一种象征。印刷术砸烂了这根锁链,那是印刷术取得的成就。到1500年,想学习的穷人也能花几便士购买到语法书、希腊文或希伯莱文词典,独立地利用业余时间学习最艰深的语言、最异端的学科。端坐在高高的木椅中的教师再也不需要了。印刷术造就了成千上万的教师,他们随时随地准备为任何人任教。教师是可以

---

⑪ 后古典时代加图的《格言集》在中世纪被用作教材。由于把易学的拉丁文和可行的道德情操陶冶结合起来,所以它们很流行。阿留斯·多纳图斯在公元4世纪编写了基础拉丁语法书,到公元6世纪中期它也被用作教材。《餐桌礼仪》是约翰尼·苏尔皮提乌斯(卒于1440年)编写的论述行为礼仪的120行韵文,1483年被首次印刷,此后多次重印。通常它被包括在基础拉丁文教材的书籍里,以便在教授礼仪的同时也教授拉丁文。它在现代被重印了2次:维洛里的乔万尼·苏尔皮兹奥《礼仪教本》是1510年塞维利版本的摹写本。亨利·托马斯把它翻译成现代英文(牛津,1949年),并增添了导言和注释,以及伪托奥维德的拉丁文手稿《男孩餐桌礼仪》(伦敦,1958年),由"葡萄酒和食物协会"的赞助。这篇论文题目的变化在15世纪和16世纪初的书籍中是不正常的;只有当印刷术使更多书籍的收集变成正常事务时,题目才开始具有一定的重要性。

第二篇　对知识的探索

自己拥有和选择的人。这就是印刷术带来的一个重大变化。

正当法国政局稳定、每个人都希望提升经济和社会地位时,越来越多的印刷所涌现出来,正是 1490—1520 年间,人文主义盛行。古典时代的思想开始表现自己,正如佛罗伦萨《春神》[12]的光芒一样,文艺复兴爆发了。

文艺复兴来得正是时候。的确,15 世纪末形式主义占支配地位,艺术变得枯燥而贫乏。多年来人们第一次可以自由畅快地呼吸,他们过着富足而幸福的生活,渴望以各种形式理解生活、生活的真谛,而非生活的阴影、无血无肉的像木乃伊一样的生活的轮廓。人们放弃厌恶的艺术,放弃一种本能的恐惧,放弃从各方面灌输的关于死亡的思想。[13]古典著作突然可以得到,它对人的关心,它对个人的崇尚,它关于行动的人的知识、关于沉思的人的知识、关于自由存在的人的知识、关于一种思想接着另一种思想的知识、关于清晰而大胆地思索的知识。这是一种思想启蒙。当时最好的思想家被空洞的语言所激怒,他们从神秘主义中寻找和发现自我。但在 16 世纪辛勤劳作的世界里,忙忙碌碌的人像积极、活跃而热情的蜂群一样,神秘主义已经变成了一种过时的思潮、一种自杀。后期经院哲学家在大学里讲授的机械而贫乏的逻辑学被人们当作讽刺的对象,受到挑战。人们断然地放弃"效仿基督"的精神,[14]挽起袖子,像体力劳动者一样,开始工作。伊拉斯谟和拉伯雷将关注令人作呕的诡辩学派,他们荒谬地埋葬了它。在高康大的画像下

---

[12] 这是奥古斯丁·内诺德杰出的著作《意大利战争前法国的宗教改革和人文主义》(巴黎,1916 年)中的插图。1953 年重印。纳塔莉·泽农"印刷术与人民"讨论了印刷术对普通人、商人等的影响,收录于《早期近代法国社会与文化》(斯坦福,克利夫,1975 年),第 189—226 页。
[13] 15 世纪人们对死亡的狂热着迷可参见扬·赫津加《中世纪的衰落》(纽约;荷兰文版,1924 年),特别是第九章。
[14] 《效仿基督》的作者被认为是 15 世纪荷兰人托马斯·阿·肯皮斯。它宣扬说,一个虔诚的基督徒的生活应该以实际的和神秘的方法效仿耶稣基督。16 世纪,它的拉丁文版本和各种译本特别流行。关于这本著作的详细情况可参见阿尔伯特·希玛《基督教的复兴:'虔诚的'圣母史》第二版(汉登,1965 年),第 158 页。

边,他们放置了人马座雕像,这是文艺复兴时期线条清晰的雕像,是埃皮斯特蒙的匀称人体,纯洁英俊,如年轻的"大卫",埃皮斯特蒙在人文主义学校受过古典教育,时刻牢记自我意识和理性的自由运用。[15]

古典时代的观念和理想突然显出巨大的魅力。请想象一下,每个事物都需要被发现、创造、重新创造、重新发现。人们热情地投入这种工作。想象一下法国研究希腊古典著作的盛况吧。既没有希腊语语法书和辞典,也没有教材和教师,除了个别自称懂希腊语的南郭先生外。[16] 那些怀有强烈心愿开始学习研究希腊的人是因为渴望成功。还有少数学者,像商博良醉心研究罗塞塔石碑碑文、力图破译古典埃及神秘的象形文字。

三

这些自学成才者的经历多么曲折啊!其中最著名的可能是巴塞尔的托马斯·普拉特。像他的两个儿子一样,他也留下了一部奇特的自传。[17] 他出生于瓦莱的一个小村里,世世代代务农。[18] 他

---

[15] 弗朗索瓦·拉伯雷:《巨人传》,特别是第15章。
[16] 1476年,乔治·希隆姆斯在巴黎教授希腊语。他的能力遭到学生的质疑,这些学生包括未来学术界的巨擘,如伊拉斯谟、布特和利奇林等。20年后,一位严肃的学者让·拉斯卡利斯再次在巴黎教授希腊语。拉斯卡利斯的希腊语法著作于1495年由阿尔杜斯在威尼斯出版。它是学生可以买到的一系列希腊语法著作的第一种。1508—1512年,杰罗姆·亚历山大负责在法国首都教授希腊语。正如这些时间所表明的,没有人教授希腊语的时间比能力不强的人如希隆姆斯教授希腊语的时间更长。更详细情况可参见约翰·埃德温·桑迪斯:《古典学术史》2卷,"从学术的复兴到18世纪末"(剑桥,1909年);R. R. 博尔格:《古典传统及其受益人》(剑桥,1953年、1973年)。
[17] 托马斯·普拉特两个儿子的著作都已经被翻译成英语:《可爱的儿子费里克斯:费里克斯·普拉特日记,16世纪蒙特比埃一个学生的生活》,肖恩·简内特译(伦敦,1961年);《弟弟的日记:托马斯·普拉特16世纪末作为蒙特比埃大学医学生的生活》,肖恩·简内特译(伦敦,1963年)。托马斯·普拉特爵士的传记,参见本书第一篇论文注释。
[18] 瓦莱是瑞士西南部一个多山的行政区。

第二篇　对知识的探索

父亲去世后，母亲改嫁了，一家人就像断了线的念珠，各奔东西，但儿女都被人收留了。托马斯是最年幼的孩子，他姑妈念他孤苦伶仃而收养了他。但他6岁时就不得不自食其力。他成了一个仆人，一个像山羊一样可怜的小男孩，每天随着羊群在阿尔卑斯山麓攀登陡峭的岩石、穿越森林、沿着悬崖边上行走，有20次险些丧命。九岁半他被送到学校，由当时一名教士任教。教士希望托马斯将来也当教士。但上学是最糟糕的事，学校是粗鲁的农民残忍而随意惩罚孩子的手段。不堪忍受的孩子都逃学。正当这时，托马斯的一个堂兄路过该镇。16岁时托马斯成为号称"巴库斯（罗马酒神）的追随者"的游荡学生之一，他们一边旅行，一边乞讨。但他们从不接受施舍。他们利用处境悲惨的小孩（称为"雏鸟"）来引起人们的恻隐之心，乞讨面包、鸡蛋和水果。只要有机会，这些孩子就会自食其力。所以托马斯变成了一只"雏鸟"，一名乞丐，一个小偷，一名流浪歌手，像马丁·路德年轻时在艾森那特（Eisenach）街头一样。他被带着长期流浪，从瓦莱到卢塞恩（Lucerne）、苏黎世、南堡（Namburg）、哈勒（Halle）、德累斯登、布雷斯劳（Breslau）、纽伦堡、慕尼黑等地，偶尔也回到瓦莱，但很快又流浪到其他地方。当有人照顾穷孩子时，这是一种短暂的幸福生活；当小"雏鸟"因脚上的血泡拒绝再行，当他们被当作牲口一般驱赶的"巴库斯驱赶者"在山洞里遭受鞭笞时，这是一种长期的悲惨生活。

18岁时，托马斯·普拉特来到塞莱斯塔（Selestat）。他几乎目不识丁，但进入著名的约翰·萨皮都斯（Johannes Sapidus）学校。他以非凡的毅力排除杂念，刻苦学习多纳图斯的拉丁语法，不久他被一个资产阶级家庭聘为教师，半家庭教师，半侍从，白天伺候主人，夜晚挑灯夜读，口含冷水、芜菁或辣椒，以驱赶瞌睡，即使睡着了，也能很快惊醒。他顽强地自学了拉丁语、希腊语和少量希伯来语。他把仅有的一枚金币用于购买一部希伯来语《圣经》，默默苦读，无怨无悔。但他必须谋生，但他对家庭教师的工作感到不满。于是他在巴塞尔变成了一个搓绳工。宣称对加尔文教采取宽容政策的伟大而勇敢的塞巴斯蒂安·卡斯特利昂（Sebastion Castellion）当时也在巴塞尔，在比尔瑟（Birse）河上放排为生，业余翻译《圣经》。[19]

　　在粗鲁而严厉的师傅管教下，普拉特学会了搓绳技艺，夜里依然悄悄起床，点燃一支散发油烟的蜡烛，借着昏暗的烛光，依靠自学掌握的拉丁语，他学习希腊语《荷马史诗》。这个奇怪的搓绳工在巴塞尔引起了人们的注意。一天，普拉特正在圣彼得广场帮助别人搓一根大绳索，阿尔萨斯的伟大人文主义者贝亚图斯·雷纳努斯（Beatus Rhenanus）叫住了他。贝亚图斯·雷纳努斯也是一个俭朴的人，是文艺复兴早期心胸开阔、努力学习的巨人之一。在同一个港口，普拉特后来遇到了一个身穿外套、身材瘦小的人，他就是"人文主义之王"德西迪里危斯（Desiderius）的伊拉斯谟先生，像雷纳努斯一样，他也为普拉特提供了一种更舒适的谋生手段——担任家庭教师。但普拉特谢绝了。像慈温利一样，普拉特也非常尊重体力劳动。不久，巴塞尔又发生了一件怪事，大印刷商人奥普林纳斯（Oporinus）也来见普拉特，请求普拉特每天教他一小时希伯来语。普拉特履行诺言，但他在双方约定的地点见到的不仅有奥普林纳斯，还有其他20人，包括学者、牧师、官员、医生和一位头戴丝绒帽、带着仆人的法国富人。[20]可怜的搓绳工人普拉特被这一群人吓坏了，扭头想跑，但奥普林纳斯劝他留下，坐下来教大家学习希伯来语。从此，普拉特每天夜晚都到那个房间里，坐在温暖的壁炉

---

[19] 塞巴斯蒂安·卡斯特利昂（或卡斯特利奥，或夏特龙，1515—1563年）：《论异端及其迫害》一书中第一个提出宗教宽容理论的人。罗兰德·S.拜恩通英译为《论异端，他们被迫害和如何被迫害》（纽约，1935年）。除了论述宗教宽容的著作外，卡斯特利昂还翻译了《圣经》，为新教学校编写以《圣经》为基础的拉丁语对话。更多的信息可以参见罗兰德·S.拜恩通："塞巴斯蒂安·卡斯特利昂，自由的先驱"（莱登，1951年），第25—79页；包括参考文献。

[20] 这个人可能是杜查斯特尔。参见罗伯特·杜赛特："P.杜查斯特尔，法国伟大的神父"，《历史评论》，134（1920年1—4月），第212—257页；（1920年5—8月），第1—57页。杜查斯特尔跟随伊拉斯谟到巴塞尔。返回法国后，他成了奥尔良主教、法兰西斯一世的布道牧师（宫廷的主要神职官员）。他终生顽强地坚持福音教义。

边，穿着皮革工人的围裙。他的双手布满老茧，甚至有时因工作而流出鲜血，满脸粗硬蓬乱的胡子，但他尽最大努力教授他学习希伯来语。

普拉特不是唯一的例子。当时涌现了很多像他那样求知若渴的人。1471年，让·斯丹东克（Jean Standonck）徒步从豪达（Gouda）来到巴黎（400英里路程），希望为经常饥寒交迫的修女院的学生请到一位学者。圣热内维夫（Sainte-Genevieve）的教士长收留他为仆人，白天斯丹东克帮厨，晚上自学。他有时因太穷而买不起蜡烛，所以晚上爬到教堂钟楼借助免费的月光看书。[21] 16世纪中期伟大的东方学者纪尧姆·波斯塔尔（Guillaume Postel）也以同样的方法在纳瓦尔大学当杂佣，晚上则自学希腊语和希伯来语。后来一个富家子弟的家庭教师彼得·拉姆斯（Peeter Ramus）也是夜间自学，通过各种考试，最后成为普雷斯勒斯学院（College de Presles）的院长。

意志坚强的人，对人对己都严厉，不太懂得怜悯、仁慈、关怀或"人性"。斯丹东克是残酷的蒙塔尤大学章程的始作俑者。他在那里建立的管理体制非常严厉，拉伯雷、伊拉斯谟都宣称它比摩尔人和鞑靼人以强迫劳动处理罪犯更严厉。"如果我是法国国王，如果我不下令放火把这所大学烧毁，处罚那些在眼皮底下允许这种非人性事件发生的主要责任者，魔鬼将把我带走。"[22]普拉特担任斯丹东克儿子费里克斯的教师，费里克斯为此感到骄傲，对普拉特尊敬有加。但后来有一天，普拉特用教鞭抽打费里克斯的眼睛，差点使他一只眼睛失明。大学普遍存在的严厉、残酷、贫困、恶劣的条件

---

[21] 参见奥古斯丁·内诺德"让·斯坦东克，宗教改革前的天主教改革家"，《新教历史学会报告》，56(1908年1—2月)，第1—81页。重印于A.内诺特《人文主义和文艺复兴》（日内瓦，1958年），第114—161页。有关斯坦东克的英语著作可参见阿尔伯特·希玛《基督教的文艺复兴》，第二版（汉登，1965年），第236页。同一章（稍微有点修改）出现在阿尔伯特·希玛《从文艺复兴到宗教改革》（密歇根，1951年），第337页。斯丹东克变成巴黎蒙塔尤大学校长。
[22] 弗朗索瓦·拉伯雷《巨人传》，第37章。

等都无法阻挡孩子们去学习。

在这方面,富家子弟像以普拉特为代表的杰出的自学成才者一样。亨利·德·梅斯美(Henry de Mesmes)13岁进入图卢兹大学,每天凌晨4点起床,祈祷之后,5点到教室,一手夹书,一手拿着蜡烛和漆板,从5点到10点,一节接一节地听课,从不间断。然后吃午餐,再阅读索福克里斯,或阿里斯托芬,或欧里庇得斯,也许还阅读一点德谟斯梯尼、西塞罗、维吉尔或贺拉斯。下午1点,他又开始上课,直到5点。晚餐前他还要复习当天的功课;6点用晚餐,然后是阅读时间,背诵希腊文或拉丁文。㉓ 这就是一个被剥夺了关爱或特别关照的年轻人的生活,这就是一个严厉时代的人对学术的渴望。

四

所有这些求学活动显然是危险的。回想一下我们开篇力图阐明的16世纪文学研究者的特点就知道:严肃、刻苦、渴望书本知识,也许还要加上超凡的记忆力。难道这样的人不会变成无论大小、无论编辑者还是原创性古代思想家的著作的盲目崇拜者吗?危险是明显的,许多批评家和史学家都已经谈论过。他们抱怨研究古代著作的文艺复兴浪费和损害了创造性,扼杀了中世纪形成的法国人的天赋。古典信条只是古代信条的简单替代品。让我说白一点,由于它不经常被人提及,所以我鼓起全部力量说:把它们从这种危害中挽救出来的只是它们的粗俗和游牧生活。

对这些习惯于户外生活的人来说,对这些"田野的庄稼"来说,大自然是可靠的。他们曾经生活,而且经常自愿地生活在乡村,不论时代和地点发生什么变化。像所有乡村人一样,他们特别、几乎

㉓ 亨利·德·梅斯美《未刊回忆录》,埃多阿德·弗莱美编(巴黎,1886年,重印于日内瓦,1970年),第138—140页。回忆一下,梅斯美自己认为,这个作息时间表更可能是对一个孩子的期望。

第二篇 对知识的探索

本能地关注大自然最细微的情况。就我们所知,他们不能对大自然作出审美回应。他们从大自然中不能得出伟大的哲学真理,他们在大自然中的经历不一定使他们带有的拉伯雷的菲西斯(Physis)神秘倾向,腰身粗壮的菲西斯女神细心培育怀里抱着的人性,直到有一天,他们恢复了信心,安眠于大地女神的胸前为止……但是他们出生后就对植物、动物和树木怀有天然的巨大兴趣。但这不能使我们相信他们是完美的观察者。观察是困难的。适当的科学观察即使对我们也有很多困难,难道16世纪会更多吗?打开16世纪的任何书籍,无论作者是谁——也许除了两三个天才外——我们都能发现怪物、幽灵、神迹、恶魔的踪迹、预言、奇迹等。如果发生地震,则宣称是上帝的愤怒。如果在一朵紫云后面发出红色光芒,则预示着战争和流血的来临。如果一个疯子投入结冰的河里又被人救起,经过取暖和关照后得救,那么毫无疑问,这是归功于他落水时呼唤了圣母马利亚的名字。

从一开始,我们就带着决定论者舒适而实用的观念。没有哲学头脑的父母很早把这种观念有意地教给即使最迟钝的孩子。从婴儿开始,我们就建议孩子们用理性方法解决问题。我们竭力驱散这些往日的幽灵,驱散孩子被母亲、祖母讲的童话灌输的本能的愚蠢的内心恐惧。与16世纪的人相比,今天最荒谬怪诞的孩子也是具有批评思想的典型。

让我们看一下当时享有盛名的医生费里克斯·普拉特的情况,他是我们前面讨论过的托马斯·普拉特的儿子。费里克斯在蒙特彼埃大学学习医学,快到30岁时,他已经行医四五年了。一天,一名仆人被指控3年前杀害了其主人教士长而被捕。为了给被指控的人定罪,受害者被挖了出来,嫌疑人则被带到这具已有三年时间的尸体之前。在场的普拉特非常吃惊地发现,尸体并未像其应该的那样,在谋杀者出现时就开始流血。费里克斯写道:"反正没有任何预期的迹象,比如伤口重又破口、鲜血涌出之类情况出现。"[24]

---

[24] 费里克斯·普拉特:《可爱的儿子菲里克斯》,第127页。

他给人的印象是对错误风俗所表现出的某种程度的惊讶。㉕

人的思想必须洗掉惯性迷信的外表，剃除幻想的胡子，然后才能看清，因为对脑袋而不是对眼睛来说，人看清了。完成这个过程还需要2—3个世纪。还是让我们给人荣誉吧，通过努力自我克制，人不可思议地超前于时代，高屋建瓴地观察世界和人类表面，非常的表面。

古代作品在这里就有用武之地。不可否认，在权威的庇护下，许多错误、迷信和不正确的信仰被人们当作福音而接受。但是另一方面，同样是古代权威，如卢奇安，怀疑论者卢克莱修，特别是哲学家西塞罗，写作了《论神圣》的西塞罗，或者如博学的普林尼等，他们提供了怀疑主义的榜样。㉖古代权威是16世纪理性主义的导师，在他们的教导下，16世纪的人医治他们所受的创伤。

此外，万事都似乎不可靠，商人终生奔波在外，学生从一个城市漂流到另一个城市，宫廷官吏跟随国王从一个行省巡游到另一个行省时，游牧精神还服务于另一个目的。16世纪的人不仅渴求知识，而且渴望认识新事物、旅行、征服大自然。他们想征服未知领域，扩充人文知识和人类理性的闪亮光环。这还不够。他们还通过未知和已知的探险而缩小已知世界的范围。新的陆地正在向人们全面打开，16世纪的征服者并不全是西班牙人，他们投身于寻找未知的陆地。其他人则被迷惑祖祖辈辈的古老东方所吸引。把当时的学者进行分类将会十分有趣，他们贸然前往威尼斯，伊斯兰教世界的前哨，只要有机会，还前往黎凡特、叙利亚和尼罗河。㉗他

㉕ 这是法国一种普遍而广泛的看法。参见亚伯·杜瓦尔：《布雷塔涅时代的原始行为》(巴黎，1920年)。

㉖ 亨利·布松：《法国文艺复兴时期文学理性主义的起源和发展》(巴黎，1922年)，第一篇第1章论述了这些作者及其对16世纪思想的影响。

㉗ 西地中海地区各民族对非洲和东地中海的兴趣被费尔南多·布罗代尔讨论过，《地中海和菲里普二世时代的地中海世界》Ⅱ，英译2卷本(纽约，1972年)，斯安·内诺德，第一卷，第134页。威尼斯与东方的贸易(第388页，548页)是东西方之间大多数联系的结构。

第二篇 对知识的探索

们对任何事物都感到好奇,希腊文化遗迹、修女院折卷的手稿、未知的植物和新动物。他们发现了风俗和宗教奇特的人,他们对伊斯兰教徒和土耳其人着迷。他们不顾艰难和危险,毅然前往,尽管徒劳而归。有时他们被北非伊斯兰教海盗抓获,卖作奴隶,在主人的毒打中苦苦挣扎三四年,直到被释放或交纳赎金为止。他们的笔记奇迹般地保留下来了,然后他们积极地加以整理。㉘

渴望了解、理解地理和物质世界、人类内心世界的热情消耗了他们的力量。1540年左右,蒙特彼埃大学的学生每天夜里冒着巨大风险到墓地偷挖刚下葬的尸体。他们连夜解剖尸体,力图洞悉维萨留斯向世人揭示的人体构造秘密。㉙ 早在1507年,哥白尼开始研究宇宙体系,这项研究耗费了23年。完成时,哥白尼否定了旧的几何形体系假设,像李奥纳多·达·芬奇一样,他宣称地球既不是宇宙中心,也不是太阳运行所围绕的中心。地球侵占的宝座地位被剥夺了。在哥白尼学说的打击下,可以说上帝也被迫从人类面前逃离,到天堂的无限空间去寻求避难。

五

这就是需要完成和纠正的文学史家给我们描绘的有关文艺复兴的狭隘而虚构的观点。没有人敢向以下事实发起挑战:文艺复兴时期,古典思想和学术被与它们分离了10个世纪的人们所彻底吸收和消化,尽管文艺复兴时期人们的思想已被基督教教化了10个世纪之久。文艺复兴带来了这些思想,但是它也带来了其他的东西。

㉘ 有关这些冒险家故事的一个典型例子是皮埃尔·贝隆,由保罗·德劳耐叙述,《十六世纪评论》,9(1922年),第251—268页;10(1923年),第1—34页;11(1924年),第30—48页和第222—232页;12(1925年),第78—98页和第256—283页。以书籍形式出版:《皮埃尔·贝隆的冒险故事》(巴黎,1926年)。
㉙ 维萨留斯的著作《论人体结构》也许首次印刷于1538年,1543年由奥普林纳斯在巴塞尔再次印刷。

16世纪早期的流动性,推动人们不断的各种焦虑,他们对现存生活的感情,他们对大自然的节奏的把握,他们的农民般的忍耐性,他们与给我们今天产生最大影响的事物的隔离,如炉灶、家庭和爱等;总之,他们的艰辛,他们农民本性与十字军战士或托钵僧一样被表现出来了,托钵僧是13、14世纪的早期方济各修会修士,他们在亚洲腹地创建了修道院和主教区。㉚这些都是应该放在一个天平托盘中的事情,其他的事情则保留了那个时代的学者的力量和人民的功绩。

　　这种人不是古代世界的奴隶,当高康大以巨大的象征性胃口坐在桌边时,整个大自然都被丰富地陈列在他面前,包括古代世界。当他坐下时,他手划十字,像一个基督教徒一样感谢上帝的恩赐。古典思想、基督教的传统、自然的崇拜仪式同时并存,这就是那些感情强烈的人的营养,或更确切地说,贪婪地渴求的东西。他们把这些混合起来消化。为了消化和吸收他们在几十年中塞入的东西,他们需要两个世纪的工作,因为17世纪如果不是长达百年的消化过程,难道16世纪就完成了消化各种相互矛盾的思想的工作?拉伯雷把高康大和庞大固埃(Pantagruel)塑造成巨人是正确的,他只是赋予了他那个时代应有的特点。

㉚　参见吉罗拉莫·高卢波维奇《有关圣地和东方的藏书目录》2卷本(卡拉奇,1913年)所配的地图。

第三篇 对美的探索

"文艺复兴"一词给人深刻印象,唤起人们的思考,但它是一个不精确的词。它有两个含义:既可以指一种知识现象,也可以指一种审美现象。二者的关系曾被认为很容易解释。在这种解释中,查理八世从福而诺沃返回法国的四轮马车中运回了文艺复兴文学和艺术。15世纪末,法国与意大利形成了鲜明的对照:哥特式建筑在法国衰落,15世纪意大利的建筑艺术光芒四射,还有意大利画家和雕塑家的成就。显然,我们的祖先一定被意大利小镇中的丰富建筑杰作所迷惑、震撼,并且悔悟。他们一定当场捶胸顿足,承认自己缺乏审美意识,他们一定立即弥补这个悔之莫及的疏忽。事实上,从16世纪初期,卢瓦尔河畔的宫殿奇迹般矗立起来。古典风格的装饰逐渐取代哥特式主题。法兰西斯一世延请意大利艺术家来法国,如李奥纳多·达·芬奇、本尼凡托·切利尼和普里马提乔(Primaticcio)等。① 不久,在哥特式建筑废墟上,新的古典艺术在卢浮宫、杜伊勒利宫(Tuileries)等就能看到,这是17世纪合理豪华和理性奢华的暗示。

并非每个人都接受关于文艺复兴的这种观点。有些人认为这是片面的观点,意大利的影响并不像通常所说的那么重要。但是

---

① 1516—1519年去世,李奥纳多·达·芬奇一直在法国。1540—1545年,伟大的金匠本尼凡托·切利尼维法兰西斯一世工作。1532年,普里马提乔来到法国,然后一直呆到1570年去世。对这三位为法国宫廷工作过的艺术家的讨论和作品的复制情况可参见戴斯蒙德·塞沃德《文艺复兴时期的君王:法兰西斯一世传》(伦敦,1973年)。

他们同意以对手的证据进行争辩。有些人对意大利人的胜利愤愤不满,痛苦而失望地认为,从意大利输入的文化已经轻易地扼杀了法国的天才。他们诅咒文艺复兴是法国艺术的真正丧钟。

后面我们还要谈到超出这种讨论范围的观点。法国人首先对人和事物进行精确详细的研究:意大利人于16世纪初来到法国,与此同时,艺术作品在法国创作。发现这个时期什么是受意大利影响的建筑和绘画,什么是法国的传统,是人们的客观目的。所有这些都是合法的、合理的和有用的。但是这超出了我们这里讨论的范围,而且从我们的角度看,这也是不令人满意的。

这种研究的根本缺陷是以下假设:意大利战争前夕,15世纪末16世纪初,法国拥有本土的艺术,它与其他国家的艺术风格不同,完全是本民族的,与其他人没有任何师承关系。当然,在这种背景下,艺术就意味着整个艺术,我们必须想象一座建筑可以被恰当地称为法国建筑;雕刻、绘画和印刷术都是法国的。

旧观点认为,阿尔卑斯山突然不再成为障碍了,意大利人涌入法国。法国本土的艺术、民族的艺术,严格而狭隘的法国风格,突然被转变,然后被外来的艺术所补充。如果我们看看建筑之外的雕刻、绘画、装饰字母、装饰图案,那么很明显,在路易十一末期或查理八世末期,法国并不存在我们现在所说的法国艺术。如果当时法国是艺术中心,那么法国的艺术将是世界的艺术、欧洲的艺术、"北方"的艺术。[②] 或者,如果喜欢的话,实际情况是,15、16世纪法国是弗莱芒艺术家和意大利艺术家之间的竞争场所。他们把艺术财富带到法国,放在他们之间,这是黄金宝地、混合和调和之地。二者之间的一个必然赢得胜利,或者意大利或者弗兰德尔。15世纪,"北方"无疑是胜利者。弗莱芒取得了重大胜利,以致弗莱芒人跨过阿尔卑斯山,在胜利和豪华的文艺复兴盛期与意大利人一决高

[②] 有关15世纪法国艺术中心的概论可参见路易斯·雷奥:《14、15和16世纪法国的绘画》,玛丽·查莫特英译(伦敦,1939年),它包括了画家的传记及其作品的黑白复制品,以及少量彩色复制品。

第三篇　对美的探索

下。如果不是意大利人，难道1465年巴托罗缪·法乔（Bartolomeo Facio）会在《圣母像》中公开宣称，让·凡·艾克是世界上最伟大的画家吗？难道我们不能把安托内罗·达·美西纳（Antonello da Messina）到弗兰德尔学习油画技巧作为这个旧故事的标志吗？③ 1450年左右，罗杰·冯·德尔·威登（Roger van der Weyden）到意大利旅行，意大利人向这位北方艺术大师定购重要作品的数量证明，弗莱芒绘画为自己在阿尔卑斯山以南取得了胜利。

16世纪初，情况突然发生了急剧、全面和决定性的变化。面对竞争者，意大利艺术回来了，而且对它们各个击破。它以令人震惊的速度发动攻势，在短短几年里，它征服、束缚和排挤了弗兰德尔和意大利。艺术史上很少有如此突然而彻底的变化。

这是发生在法国大地上的艺术冲突。法国人成为这次冲突和变化的热心观众。简单地说，纯意大利本土的艺术受到了同样纯正法兰西民族风格艺术的反对，彼此完全向对方关上了大门，直到它们的隔阂被偶然的战争所打破，胜利者为被征服民族的艺术所征服，被俘的希腊人……是过于简单的概括。（被俘的希腊人把残暴的胜利者变成了俘虏，并把艺术带进了拉丁姆地区。贺拉斯《书简》第二篇第二章，第156—157页）从这种观点出发，就难以理解这个问题。赞成这种观点就是先入为主地拥抱最大的错误和误解。

一

在考察文艺复兴前夕法国艺术之前，让我们先清楚地了解法国艺术的含义。在今天法国版图内，许多艺术中心与富有、慷慨和有

---

③　瓦萨里记载的故事是，安托内罗向凡·艾克学习油画技术，然后传授给其他意大利画家，特别是贝利尼。直到这时为止，意大利人一直是蛋彩画。油料作为绘画介质的优点是它本身是透明的（与作为蛋彩画介质的蛋黄不同），画面可以涂抹多层透明油彩，从而使画面的光彩犹如自身散发出来。所以油画代表绘画技术的一大进步。

教养的贵族宫廷有联系,从 14 世纪到 15 世纪,它们越来越得到诸如让·德·伯利(Jean de Berry)、勒内·德·普罗旺斯(Rene de Provence)、"善人"菲里普(Philip the Good)等的资助。④ 这些艺术中心并不代表现代意义上的民族风格。我们还应该记住,15 世纪,如 1475 年的法国版图与今天的法国版图大不相同。这也给民族艺术风格的界定带来许多难以克服的困难。皮卡迪是法国领土吗?也许是,但它属于勃艮第公国。阿托瓦和阿拉斯呢?它们也属于勃艮第公国。但大胆查理毕竟是一名法国贵族,⑤至于阿托瓦,它是法国国王的一块采邑,至少直到马德里条约(1526 年)和康布雷条约(1529 年 8 月 3 日)为止。此后一个世纪,它脱离了法国的控制。列日、圣奥梅尔、布鲁日、根特是否法国领土呢?它们都是勃艮第公国的城市,奉"大胆查理"为它们的宗主。我们也许能包括法国的列日和圣奥梅尔,但不能包括布鲁日和根特。但是通过什么理性手段进行这种区别呢?这 4 座城市都是弗莱芒人的城市,它们与法国的政治关系相同。对照 1476 年、1610 年和 1648 年的法国地图,我们就会发现,在一个半世纪里,阿拉斯、康布雷、列日、伊普尔、布鲁日、根特等都脱离了法国版图,被法国国王的敌人统治。洛林、勃艮第、弗朗什—孔泰、萨伏依等地也有归属问题,它们的主人也各不相同。显然,如果没有特别的永恒性要求,那么从现状倒推测历史是不可取的。难处在于问题本身。现代民族定

---

④ 伯利公爵让(卒于 1416 年)是法王查理五世的幼子,终生花费大部分精力和财富收藏各种艺术品。他去世时,大部分收藏品被出售以偿还生前的债务,他以收藏精美插图"祈祷书"而著称。勒内·德·普罗旺斯(1409—1480)一度身兼安茹和普罗旺斯伯爵、洛林公爵,那不勒斯和西西里王国的国王。经历了种种不幸之后,他丧失了许多,只保留了普罗旺斯伯爵领地,他在那里去世,并受到那里的臣民的衷心爱戴。他不仅是一位热情的艺术赞助者,而且还亲自创作诗歌和绘画作品。菲里普·勒·邦(1396—1467)是勃艮第公爵,他的宫殿是当时欧洲最豪华的宫殿之一。在他的统治下,勃艮第变成法语世界最大的艺术中心。
⑤ 勃艮第公爵"大胆"查理是一名法国贵族,他的祖先菲里普(建立勃艮地王朝)是法王约翰二世之子。许多勃艮第贵族与法国贵族家族有联系,普通人也与法国有联系,不仅拥有共同的血缘关系,而且拥有共同的风俗习惯和语言。

义不适用。同样,当时的艺术精神也不是"民族的"。

中世纪的思想和艺术完全是国际化的。13、14 世纪,所有开化的欧洲人享有共同的基督教文明。由共同的国际语言拉丁语服务的思想、科学和艺术的国际主义到 15 世纪仍是一股力量。尽管民族国家兴起了,它仍然存在。前面提到的聚集在艺术中心的艺术家们不一定甚至通常不是他们为之工作的国家的人。他们来自四面八方。以第戎为中心的勃艮第雕刻派就是由荷兰人克劳斯·斯吕特创立的,⑥或至少是他传播了它的名声。它的繁荣则归功于勃艮第人之外的艺术家。科隆画派的主要画家没有一个是科隆人,我们可以在沃尔拉夫(Wallraf)博物馆对它进行研究,它的成员似乎具有凝聚力、志同道合。该画派中有士瓦本人,如斯蒂芬·罗切尔;⑦安特卫普人,如《圣母之死》的作者鸠斯·范·克勒夫(Joos Van Cleve);荷兰人,如巴瑟勒密·布鲁斯;甚至有一位法国人皮埃尔·德·马勒斯。阿维尼翁画派⑧则包括来自皮卡迪、勃艮第、里摩森、阿德切,甚至加泰罗尼亚的画家,但是没有阿维尼翁人。画家们来自各地,如人文主义者一样,他们也是从各地而来,又去各地。伊拉斯谟属于哪个国家?他真的能被限定为荷兰伯国吗?艺术家不是属于某个国家,而是附属于一位艺术大师。大师在各个方面都是他们的导师,他把艺术创作技法、调色的秘密、习惯和技巧都传授给他们。一方面,决定他们艺术风格的因素是导师的教诲被虔诚地遵循,另一方面,是资助人的艺术品位,资助人常常无端地向艺术家施加很不相同的审美观点。

---

⑥ 斯吕特和勃艮第雕塑流派的作品可参见西奥多·穆勒《1400—1500 年尼德兰、德国、法国和西班牙的雕刻》,埃莲 & 威廉·罗布森·司各特英译(巴尔的摩,1966 年),第 7—14 页。

⑦ 斯蒂芬·罗切尔和科隆画派的作品可参见雷恩佐·希热利、玛格丽特·伦兹尼·莫里昂多、弗兰克·马兹尼 M《15 世纪欧洲绘画》,H. E. 司各特英译(纽约,1961 年),第 29 页、235 页。

⑧ 阿维尼翁画派的作品可参见《欧洲绘画》,第 211 页、216 页、217 页,以及雅克·拉塞尼、鸠里奥·卡洛·阿尔冈《从凡·艾克到波提切利的 15 世纪》,斯图亚特·吉尔伯特英译(纽约),第 71—73 页、181—184 页。

这些初步评论表明，谈论15世纪法国艺术，仿佛它是深刻的、民族特色的、同质的、紧密联系的、容易辨别，或者带有明确的界限，这是多大的错误啊！一篇考察14、15世纪艺术演变的文章是十分重要的：所有令人惊讶的事情中最令人惊讶的是，奥马勒公爵（Duc d'Aumale）在香蒂利（Chantilly）的珠宝收藏，德·伯利公爵（Duc de Berry）的《黄历》(Tres Riches Heures)。任何打开这部书或其复制品的人都会被它的美而震惊和迷惑。这些精妙的人物肖像画应该属于哪个画派呢？弗莱芒画派？是，又不是。在一定程度上，它们有弗莱芒的环境，但再仔细观察，这些肖像画缺少作为弗莱芒画派作品典型特征的皱褶。这件作品显然不是意大利的，尽管它的局部带有浓厚的意大利绘画风格残余，且不说模仿了意大利绘画风格的书页。（例如，藏于佛罗伦萨圣克鲁兹教堂托蒂·伽迪的《圣殿圣母显容》就是这些肖像画中被复制的作品之一。）任何了解14世纪温柔、娇媚、富有感情的锡耶纳画派作品的人都无法在香蒂利手稿中看到它的反映。书页中来自东方的作品，其他作品受古典作品的影响，为让·德·伯利公爵工作的画家们复制或巧妙地利用了大量熟悉的古典作品。古代徽章被复制了，东方肖像画似乎是一些重要书页的创作灵感来源。整部手稿充满了生活气息、亲切和法国乡村气息，特别是在一些日历的精妙画页中。⑨

国际艺术也许是一个太宏大的名称。这是为了伯利公爵使用，迎合他的艺术品位，当时一些最优秀的画家创作了这些作品。带有法国品位的法国诸侯让是最活跃和最广泛的艺术爱好者，他感

---

⑨ 《黄历》是一本私人用的插图祈祷书，这种书在15世纪非常流行，被称为"钟点书"。祈祷者的选择各不相同，但一般都包括"圣母颂"、赞美诗、连祷文以及葬礼词等。这些书大都有插图用来描述，比如，对应于每天8次有关圣母的祷告，每次描绘圣母生命中的一件大事，总共也就有8篇祷词。这种图画书一般还会包含一部日历，12个场景展示每月发生的事情（7月晒干草，11月狩猎）。许多迷你复制品曾经出版。比如，让·波尔谢推出的《伯里公爵的黄历》（巴黎）。《欧洲绘画》里也有一个，在第18页。另见埃尔温·潘诺夫斯基的《早期尼德兰绘画》（剑桥，马萨诸塞，1958），第2卷图80—84,87—91,93,95（黑白）。即便运用现代技术，复制品跟原件也无法相比。

第三篇　对美的探索

兴趣的艺术领域没有明显的界限,只要是优美而新奇的艺术。

也许我们要问,由于他们的优美,他们的高贵血统,他们的审美观,《黄历》是不是唯一的文献?是不是一般统治者不应该使用的手稿?是不是不应该作为艺术正常发展研究的一部分而被强调?这的确有道理,但是同样有道理的是,和谐融合的影响在15世纪法国诸侯、城市或其他组织定购的艺术作品中也能找到。显然它不是一直被明智地控制,巧妙地进行,并取得巨大的成功。融合随资助人的意愿和画家的意愿而变化。此外,它们的技巧越少,它们就越容易分析,越容易区分它们来自各省的组成部分。

二

在他的优秀著作中,埃米尔·马勒(Emile Male)提出了这种艺术引起的一些重大问题,虽然他的中心观点我难以接受,但他的论述是很完善的。[10] 它反映了什么精神?它需要完成什么任务?它揭示了什么感情?虽然13世纪基督教艺术是正常的,甚至是严肃的,带着难以打破和无与伦比的庄严,但是14世纪末和15世纪,一种新的插图画出现了,它改变了艺术的特点。[11] 它们变得逼真、伤感而且人性化。逼真是一种重要的创新。对13世纪的艺术来说,没有什么比这种对奇闻轶事、地方特色、历史或伪历史背景感兴趣的情况更加陌生。各种偶然性都能按照属于各个时代和各个地方的永恒图景给予处理:亚眠的纯洁的上帝、夏特尔的圣提奥多尔、桑斯的圣斯蒂芬。[12]

但是,15世纪的艺术追求逼真和特定细节,如当时的服饰,社

---

[10] 埃米尔·马勒:《哥特式画像:13世纪法国宗教艺术》,多拉·努赛英译(纽约,1958年,英文原版,1913年)。
[11] 有关这种变化的讨论参见马克斯·德沃拉克《哥特式艺术中的理想主义和自然主义》,兰道夫·克拉维特(巴黎圣母院,1967年,第一次德文版,1918年)。
[12] 这些例子的前两个是马勒书中的照片,它们都是雕刻作品,其中第16、141幅照片就是前两个例子。

会各阶层或集团的服饰。布尔日（13世纪）大门廊画像中的圣马可穿着带有古典褶皱的长袍，考量人的灵魂。而第戎的雅克·德·巴尔泽（Jacques de Baerze）教堂祭坛画中的圣马可则是全副武装的15世纪骑士形象，一位考古学家精确描绘了他的盔甲。上帝本身，圣父上帝在13世纪几乎不被表现，仿佛艺术家们在这种尊严观点面前都犹豫了，到15世纪，上帝变成了绘画中常见的形象，或者像高尚的"农夫"；或者像坐在宝座中的查理曼，戴着手套，像一位皇帝；头戴三重王冠时，则像一位罗马教皇。尽管画家进行了天真的区分，但是罗马教皇的三重王冠只有三重，而上帝的王冠则有四五重。

像服饰一样，场景也变成了特定的地点。13世纪，《天使报喜》发生在一个信仰和希望的世界，圣母和天使站立，穿着起褶的长袍，接受圣旨。到15世纪，圣母则成了穿着漂亮的绿裙子的贵妇，在她的祷告室或卧室中欢迎天使，卧室里装饰了一点织物。布鲁塞尔博物馆有一块弗莱芒画派的大师雕刻的嵌板，悬挂在墙上，虽然时间稍早了点，但是人们仍然可以看见婴儿基督骑在圣克里斯托弗的肩上。[13] 背景已经从天上下凡到人间，到法国或弗莱芒或德国的土地上。我们几乎能分辨出安装这幅嵌板的地点和时间。

艺术不再是没有表情的。13世纪基督教的胜利让位于15世纪忍受痛苦、折磨、被钉死在十字架上的基督形象。15世纪艺术采取愉悦的形式，缓慢地从一个地点转换为另一个地点，从"耶稣受难"的舞台转换为耶稣受难之地，没有就伤口、堕落和眼泪等与我们进行争辩。"耶稣受难"和十字架在悲痛的母亲的十字架中得到了延续，但是更令人悲痛。哀悼基督成为艺术家喜爱的主题，基督的尸体流淌着鲜血，无助地躺在伤心欲绝的圣母的膝部。用这种方式，通过追求逼真及其蕴含的压抑感，艺术变得更人性化，更打

---

[13] 弗莱芒大师创作的同样的《天使报喜》（尽管画面中没有圣克里斯托夫）见《早期尼德兰绘画》Ⅱ，第204页图片。

动人心。艺术从高高的殿堂下降为安慰、温暖和鼓舞人心的上帝创造物的形式。进一步发展这种思想是没有用处的,因为它们被埃米尔·马勒以高度的技巧表现出来了。

马勒把这些 15 世纪艺术的这些特点归功于神秘主义戏剧,当时这种戏剧开始兴起,在乡村晒场、街道、主教堂前为热情的观众演出。艺术与神秘主义戏剧相连的观点是有创见的,吸引人的。我必须先行说明,它也是无效的,它没有回答问题。为什么艺术变得逼真、富有感情和人性?因为神秘主义。但是为什么神秘主义恰在此时是逼真、富有感情和人性的呢?因为受《基督生活的沉思》的影响,它是 13 世纪方济各修会的修士写作的一本小册子,它的作者曾经被认为是圣波那文都纳。为什么在出版两个世纪后《沉思》突然流行,特别是在法国流行呢?为由戏剧引起的艺术运动提供的解释,为参考《沉思》的戏剧提供的解释,即使再全面,也仅仅是回避问题。为什么人们的审美趣味在那个时候发生变化?为什么当时的艺术满足于逼真、悲天悯人和人性化呢?唯一的解释,也是马勒没有提出的解释,就是社会秩序的变化。我们发现了艺术中的这种变化,社会兴起了一个新的阶层,它的艺术爱好和发展趋势是新型的、活跃的、好奇的、非常现实主义的,是为自己争取更大的发展空间和更好的地位。这个新兴的资产阶级虽然对 13 世纪的艺术没有产生任何影响,但是对 15 世纪的艺术产生了重大影响。14 世纪末和 15 世纪初,社会发生了三个重大变化:资产阶级兴起;主要由弗莱芒中产阶级画家从事的现实主义艺术在欧洲各地的传播;以及一种新的主题的出现。它们为绘画带来了逼真、富有感情和人性。这三种变化是偶然同时出现,还是它们互不相干呢?

三

15 世纪中叶到 16 世纪前 25 年,法国艺术的全面演变表明,没有什么突然变化可与 14 世纪末期的社会和艺术变化相媲美。查理八世和路易十二统治时期的艺术是路易十一,甚至查理七世、六

Life in Renaissance France
法国文艺复兴时期的生活

神圣罗马帝国皇帝查理五世
（1519年—1556年在位）

世或五世统治时期赏心悦目的艺术的延续。描述它的同样语言涌上心头。虽然没有伟大的作品，但是许多有魅力的、不太著名的作品则随处可见，教堂、古老庄园、乡间小道旁的小礼拜堂、中产阶级城市住宅的正立面。这个时期生产了许多彩色玻璃，颜色鲜艳，图案丰富。但彩色玻璃的一般主题和风格与当时其他艺术形式没有什么不同。许多彩饰画一度表现出逼真和人性。15世纪初到15世纪末，这种风格逐渐变得松懈了。但是区分前期作品与后期作品的变化是非常缓慢的，几乎难以觉察。如果我们以15世纪带有鲜明特点的某个画派为例，如勃艮第画派，那么它产生了本质上相同的艺术，像我们希望的那么逼真、悲天悯人和人性化。赋予15世纪末描绘的稍微僵硬的身体以生命的作品表现的最大差异是欢乐，这种欢乐开始出现在脸上，而15世纪初期作品中的人物面部表情呆滞、悲哀。但没有必要指出，这种变化来自意大利，当我们期待和平及日常生活的简单快乐，以及将取得更大发展，并控制自身语言的艺术的自然进步。

让专家说说他们喜欢什么吧。让他们去发展风俗画产生风俗画、形式产生形式的机械理论吧！我向他们的渊博知识致敬，对他们精确地研究文献表示敬意,但我不承认以下观点:当一个社会不变化时,人也不发生变化。当一个社会不发生突变而只是渐变时,就不能通过时尚或风尚而产生新的风格。无论一个人在这个社会中的地位多高,他都不能向社会强加一种社会不需要的艺术。所以,15世纪意大利的艺术就不能对查理八世和路易十二时期的法国产生影响。

那么这个时期法国与15世纪意大利到底有什么关系呢?它甚至不是一种可携带的艺术。这个时期的画家创作了最伟大的湿壁画,当然,湿壁画是不能移动的。随着时间的推移,15世纪的意大利人越来越对镶嵌画感兴趣,而这种绘画曾经长期被阿尔卑斯山以北的画家所垄断。但是他们最成功之处还是大型装饰壁画。想到一流的意大利艺术不为那些没有去意大利旅行的人所知。尽管到处都有博物馆。想一想乔托及其追随者吧,想一想佛罗伦萨布兰卡才(Brancacai)小教堂中马萨乔的壁画吧。如果不是看到了他们的湿壁画,希格诺内利(Signorelli)、吉兰达奥(Ghirlandaio)、曼坦纳,甚至拉斐尔也不会为人所知。

先把这个问题搁一边吧,还有其他的问题呢!意大利各个画派的艺术风格肯定是不同的,正如我们以复数名词来表示意大利画派这个事实所证明的。然而,除了各画派的地方性和各个大师个人的倾向外,这些作品和大师们还有共同特点,毫无疑问,我们看到和感觉到的意大利特点。它们确实是典型的意大利特点,以致带有这些特点的大师们,正是由于他们带有这些特点,而不能对阿尔卑斯山以北的艺术产生重大而持久的影响,因为北方的风俗习惯不同于意大利。

我认为,佛罗伦萨最令人震惊的场面是有人在乌菲齐博物馆突然发现自己面对雨果·冯·德尔·戈斯(Hugo van der Goes)的杰作,它是1476年为美第奇银行在布鲁日的代理托马斯·波尔蒂纳里创作的。游人在观赏充满15世纪意大利杰作的展室后就会欣赏到这幅画。离开能看见圣米尼亚托侧翼的木质楼道画廊后,游人的脑海里萦绕着佛罗伦萨画派可爱的美景、和谐的构图和优美的雕像，他长期徘徊在这些精美的雕像前，每座雕像都以惊人的创造力解决了构思、线条和形式处理的一个新问题。

接着突然映入游人眼帘的是一幅巨大的镶嵌画。⑭ 它鲜艳而丰富的颜色引人注目。由天性带来的简洁风格使它产生了震撼人心的力量。反差多么大啊！画面没有微妙地展示任何学究气的、智慧的、稀奇古怪的东西。如果有人分析它的构思，那么它似乎显得很笨拙，人物不成比例，画面的前景比例失调且有些单调。但是这幅大型画面传递了一种多么令人遐想的感情，它的每个部分结合起来共同创造了一种气势，尽管它初看时显得多么笨拙，像北方瘦骨嶙峋和一脸苦思冥想的天使那么丑陋。

反差是强烈的。结论很清楚：弗莱芒人和意大利人的确不讲相同的语言。现在的差别不是这样。分别代表两个极端的弗莱芒人和意大利人的差别是真实的，法国人与意大利人的差别也是真实的。像在其他许多领域一样，法国人是这两个互相竞争的艺术中心的仲裁者，他们对阿尔卑斯山以南的艺术并非不熟悉。我们不应忘记，他们进行大量的旅行，富人、诸侯、贵族、订购艺术作品的人都旅行，而且他们的旅行爱好在那些倾向于自由和开明选举的人士中得到发展。艺术家也旅行。当路易十一时代的著名画家、都尔的让·弗格依特（Jean Fouquet）先后在巴黎和都尔设立画室时，1443—1447年他已经到过意大利，而且在罗马为教皇尤金四世画过肖像。一个世纪后，瓦萨里提及过此事。⑮

当法国艺术家已经熟悉北方艺术的无秘密时，他们明确感到需要调和及改进它，加进法兰西民族俏皮的幽默特性和追求比例匀称的感情。但是就像对弗莱芒人一样，对法国艺术家来说，虔诚的宗教感情不是通过喧闹、动感、明亮、宏大的场面，而是通过静谧和沉思来表现。他们并不比北方的大师或资产阶级更多地要求"基督的诞生"安放在佛罗伦萨的宫殿里，就像身穿绫罗绸缎和镶着金

---

⑭ 见《15世纪》第153页；《早期尼德兰绘画》Ⅱ，第462—463页图片。
⑮ 弗格依特的绘画作品见《欧洲绘画》，第213—214页；《15世纪》，第74—80页。

第三篇　对美的探索

边刺绣服装的佛罗伦萨贵妇召唤新生婴儿母亲、以此取乐,而又意识到自己的身份一样,她们知道芸芸大众敬慕的目光中如何自如地行走。1485年,即雨果·冯·德尔·戈斯完成三联屏风10年后,吉兰达奥决定为圣三一教堂的萨瑟提(Sassetti)小教堂画一幅《牧人的礼拜》。⑯他以现实主义手法画了三个农民,他们的眉目用皱褶表现,满脸络腮胡子。这幅画清楚地表明了波尔蒂纳里(Portinari)祭坛画中热爱生活的牧人形象对佛罗伦萨绘画的影响。在这幅充满迷人魅力的绘画中,佛罗伦萨画家非常成功地把《圣经》中的三个故事联系在一起:"天使报喜"、"牧人的礼拜"和"东方三贤来拜"。但是这幅画没有任何与冯·德尔·戈斯迷人而独特价值相区别的标志。我们看到漂亮的圣母向她的儿子跪拜,她的衣服和姿势都很优雅,一双光滑细腻的贵妇手轻轻合拢,以致我们对她深深地崇敬。位于画面角落的三个牧人摆出仁慈的姿势,其中一个以戏剧中丑角的姿势站立,一只手捂在胸前,另一只手向前伸出,真实地表达了感情。圣婴与弗莱芒画家笔下悲天悯人的婴儿形成鲜明对照,是一个脸色淡红的胖小孩,像10个月的婴儿那样微笑。这些优雅的人物形象在一部禁止以外表和姿势表现真正虔诚的喜剧中发挥了各自的作用。他们排斥了激情,我们称之为苦思冥想的激情,是典型的北方而非意大利式的激情。

佛罗伦萨大师的作品有一个重要的细节:圣约瑟夫,他像其他人一样跪拜在两头传统动物旁边,在《牧人的礼拜》中没有发挥作用。他的双眼不像圣母和其他牧人那样望着圣婴基督,而是凝视作为画面背景的景色。从外表和手势看,这位高贵的人似乎在呼唤东方三贤人,而事实上东方三贤人将出现于下一幅《牧人的礼拜》中。东方三贤人衣着华丽,骑着高头大马,带着才气勃发的各种随从。他们走得越快,动感越强,画面颜色也逐渐变成《牧人的礼拜》中的平静安详场面,这个不长的场面足以被意大利人栩栩如

---

⑯ 吉兰达奥的"斯蒂芬加冕"被埃内斯特·斯泰曼恩《吉兰达奥》(莱比锡,1897年)一书所复制,第33页。

生地加以大致的描绘。

15世纪意大利的艺术虽然缺少北方那种真诚而深刻的沉思感情，但是另一方面，它具有不可否认的戏剧性或悲伤的意义。虽然它的模仿不是很逼真，但从一开始它就擅长用单一的悲伤感、古典和古代基督教的伟大悲剧场面刻画人物心理，使画中人物栩栩如生。请想一下乔托在帕都亚的阿雷纳小教堂或在阿西西教堂的壁画所表现出来的戏剧性效果吧。甚至主题的选择——或者更准确地说，描绘主题的方法，意大利人选择的故事的瞬间——更值得关注。

在富有真知灼见的比较研究著作《文艺复兴时期阿尔卑斯山南北的艺术》(1911年，布鲁塞尔出版)中，雅克·麦斯尼尔相当正确地注意到，当弗莱芒人和意大利人面对处理诸如"最后的晚餐"这样普通主题时，他们使用的方法完全不同。根据麦斯尔的说法，正如《福音书》记载的那样，"最后的晚餐"包括两个场面：基督赐予门徒圣餐，并说出了可怕的话："我肯定地对你们说，你们当中的一个人将出卖我。"(《约翰福音》第23章21节)注意到下列事实是有趣的：以他们的良好直觉和天才性格，弗莱芒人相当自然地倾向于描绘圣餐的内部戏剧效果。就如事实证明的那样，他们取得了巨大的成功，在德尔克·鲍图斯(Dirk Bouts)为鲁汶的圣彼得大教堂创作的《最后的晚餐》中。带着同样本能的自信，意大利的大师们试图以全部的感情力量使痛苦、迷惑和愤愤不平的抗议场面变得明显，这个场面就是基督对门徒说话。他们也完全成功地达到了目的，正如直到今天仍然有虔诚的朝圣者前往的米兰圣玛丽亚大教堂餐厅的墙壁所证明的那样，那堵墙上仍能看到达·芬奇《最后的晚餐》已经退色的壁画轮廓。[17]

麦斯尼尔肯定稍微简单化了，因为事实上"最后的晚餐"不是以两种而是三种不同的方法被认识和表现，而且三种方法经常被显示出来。第一种是基督掰开面包(圣餐的面包)；第二种是门徒

---

[17] 对这幅著名绘画作品的黑白颜色复制品，以及认为它保存得更好而复制的画家可参见路德维柯·H.海登利希《李奥纳多：〈最后的晚餐〉》(纽约，1974年)。

领圣餐;第三种是出卖者被揭露的戏剧性场面。事实上,最后一个场面直到1480年才由吉兰达奥在佛罗伦萨的奥格尼桑迪(Ognissanti)的餐厅壁画中第一次画出,这比李奥纳多·达·芬奇在米兰为我们捕捉这个瞬间早15年左右。15世纪早期,安德烈·德尔·卡斯塔格诺创作了著名的介绍圣餐礼的湿壁画,被15世纪后期的许多画家所模仿。弗拉·安吉利科在圣马可修女院中,选择了描绘与门徒举行圣餐仪式的场面。这个场面直到1512年还被卢卡·希格诺内利为科托纳(Cortona)主教堂所绘(尽管他主要受到1475年左右弗莱芒画家乔斯·冯·根特(Joos Van Ghent)在乌尔比诺的著名画作的影响,这幅画是柯帕斯·多米尼(Corpus Domini)兄弟会在乌尔比诺公爵费德里戈·达·蒙泰费特罗的资助下订购的。

因此,真相似乎比麦斯尼尔所说的更多、更微妙。当然,他正确地指出了北方画家最擅长描绘人物的内心脆弱感情,而意大利画家擅长描绘更戏剧性的场面。16世纪的人不否认这种差别的存在。例如证据有1548年由弗兰西斯科·达·贺兰达汇编、乔希姆·德·瓦斯康塞洛斯(Joachim de Vasconcellos)出版的1538—1539年在罗马的演讲集《绘画四谈》。作者借米开朗基罗之口说道,"一般来说,弗莱芒绘画比意大利绘画更能使虔诚的人愉快,意大利绘画从不引起悲伤的泪水,而弗莱芒绘画能使观众泪流成河。其原因不在于绘画的力量或优秀,而在于虔诚的观众的善良之心。"⑱

还应该注意到,意大利艺术家的绘画风格对细节的精确和美好的结局不太在意,而这正是弗莱芒艺术家取悦北方艺术爱好者的法宝。我们应该记住,资产阶级艺术中看见的是一种仿制品。15世纪意大利大师们并不擅长借助绫罗绸缎,华丽的衣裳和仿制的盔甲,以致达到以假乱真的程度。他们的艺术绝不是肖像画艺术,使用资产阶级的话语和情感。意大利人自己首先承认这点。事实

---

⑱ 《葡萄牙的艺术》,康特·A. 拉兹申斯基译(巴黎,1964年),第14页。

上，他们走得更远，当他们想精确地为自己画肖像时，他们就寻找一位弗莱芒大师。[19] 想一想今天博物馆有多少意大利人的肖像是由北方大师所画吧。仅以凡·艾克的作品为例，阿诺菲尼的肖像画在伦敦，吉斯汀尼尼（Giustiniani）的肖像画在德累斯登，阿尔贝加蒂的肖像画在威尼斯，其他大师的肖像画呢？后来，当马萨乔、保罗·乌切洛、安德烈·德尔、多梅尼科·韦内齐亚诺、菲里波·利皮都去世了，当安德烈·德尔·维罗乔、波赖乌利（Pollaiuoli）、巴多维内提（Baldovinetti）和曼坦纳处于权势顶峰、波提切利和吉兰达奥开始从事艺术生涯时，当时最伟大的收藏家之一、乌尔比诺公爵费德里戈·达·蒙泰费特罗想要一系列个人肖像画，于是只好延请北方的艺术家乔斯·冯·根特。这位伟大鉴赏家的爱好有时与资产阶级的爱好不谋而合。对资产阶级来说，弗莱芒人是模仿的艺术名家。弗莱芒大师的作品需要用放大镜鉴定，这是为了取悦天真的大众而采用的手段，即使今天，在根特的圣巴沃主教堂里，仍有人偶然喜欢用放大镜去数画中市长的马毛或主教的眉毛。例如，观察布鲁日安静的圣约翰旅馆的一块精美小镶嵌画，我们能想象订购它的人获得的喜悦，他们经常拿它到窗前以便能借助充足的光线，当主人在放大镜下发现某些以前未注意的细节，例如某些织物的纺织完全被模仿，或一种珠宝饰物的最明亮部分是含铅的窗户光线时，他们是多么快乐啊。[20] 当最后的束缚正在被摆脱时，当

---

[19] 阿尔布莱希·丢勒的信件提供了一些有关北方与意大利艺术关系的看法。1506年，丢勒从威尼斯写的家信说："我在意大利人中结识了许多朋友，他们警告我不要与他们的画家一起吃饭和喝酒。他们许多人都是我的竞争对手，在教堂或其他任何能够发现我的作品的地方抄袭我；然后他们辱骂我的作品，说它们不是古典风格，水平低劣。但是乔万尼·贝利尼在许多贵族面前高度的赞美我。"伊丽莎白·G. 霍尔特编《艺术史文献》第一卷，《中世纪和文艺复兴》（纽约，1975年），第330—331页。

[20] 在圣约翰收容院和圣巴沃主教堂博物馆，现任馆长有副放大镜供游人使用。《神秘羊羔的加冕》的局部复制品（根特祭坛画），凡·艾克创作了《圣巴沃像》，在《欧洲绘画》第190页和《15世纪》第17页能看到。整幅画被复制在《早期尼德兰绘画》II 第274—283页。

中产阶级正在取得自己的权利和地位时,人们就能理解,北方人、弗兰德尔人、德意志人和法国人可能已经更喜欢弗莱芒品味而不是意大利品味。这没有什么神秘可言,如果有,那么它也不是不能轻易解释的神秘。

四

现在仍然需要解释的是前面提到的突然而重大变化。意大利(限于15世纪弗莱芒风格取得胜利的意大利半岛)艺术突然打破束缚,传播到它的传统范围之外,尤其是在德国和低地国家取得骄人的地位。这个重大而全面的变化为什么会发生?

我个人只看到了总体的原因。15世纪末16世纪初,世界变得追求学术了。人们学习希腊—拉丁语的古典著作,发现了许多闻所未闻的美好观点。其中之一就是一直被认为与马鞍匠、装订工一样的体力劳动者的画家事实上不仅仅是默默无闻而有用的工匠而已。如果他有天分,如果他能用画笔重新开创生活,赋予历史生机,用现在的生动颜色装扮生活,那么他就会变成这个世界的大人物,在自己和艺术家学者的眼里,他的高贵犹如王公贵族。[21] 也许神圣罗马帝国的皇帝查理五世都会屈尊为提香拾起画笔。很久以前,当阿尔布莱希·丢勒在离开繁华的威尼斯返回资产阶级的德国时,他就说过意味深长的肺腑之言:"在威尼斯,我是绅士。在纽伦堡,我只是一个贫穷的印刷工人。"[22]

世界变得追求学术了。人们以希腊人和罗马人为向导。世界,特别是领先欧洲其他国家的意大利,从古典著作中不仅学到了艺

---

[21] 有关艺术家的这种新概念是安东尼·布伦特《意大利的艺术理论,1450—1600年》(1949年,牛津)的常见主题,特别是在第四章"艺术家的社会地位"中。
[22] 引自丢勒1506年从威尼斯写出的信件。这封信被包含在沃尔夫冈·斯特乔《北方的文艺复兴艺术,1400—1600年:史料和文献》(新泽西,英格武德,克里夫斯,1966年)。斯特乔给的形式是:"在这里我是一位绅士,在家乡只是一个食客。"(第91页)。

术的突出尊严,而且学到了艺术的真谛:艺术就是美。它是从柏拉图那里学来的,当它在罗马枢机主教的葡萄园中被学习以前,这些葡萄园里逐渐发现了古典雕像。它从维特鲁威那里学来,在伟大的罗马遗迹在罗马城、意大利或高卢土地上被理解、崇敬或恢复之前,维特鲁威的著作就已经被人们阅读和注释。拉伯雷对建筑书籍的爱好是非常典型的。无论是有关当时在都奈或普瓦图的宫殿的书籍——那些激发他以博尼维特宫殿为基础描写泰勒姆修道院的灵感的书籍——还是有关罗马遗迹的书籍——1534年他到罗马旅行时,他打算对它们进行总结性论述——,他都予以接受。㉓ 通过了解、阐述和细心研究维特鲁威和阿尔贝蒂(受维特鲁威的鼓舞),㉔通过与博学的费兰达利尔㉕(Philandrier,他撰写过一篇对维特鲁威的评论)或与建筑师菲里伯特·德·洛美(1536年他在罗马遇见过)进行比较,没有对艺术产生特别兴趣的拉伯雷最终对以前的砌砖而现在变成建筑的学术怀有浓厚的兴趣。㉖

　　在人们转向古典著作的同时,16世纪的人也转向自然并学会观察自然。15世纪末,意大利的艺术正在变成一门科学,或者更精

㉓ 见让·普拉塔德:《少年拉伯雷在普瓦图》(巴黎,1923年),第11页。安东尼·布伦特《菲里伯特·德·洛美》(伦敦,1958年),第8—14页,可以理解菲里伯特对特勒姆修道院平面图的影响。

㉔ 维特鲁威的《建筑八书》于1547年由让·马丁(两年前,他翻译了塞利奥的《建筑六书》)翻译成法语。当然,法国人在此之前就读维特鲁维的著作,或者其拉丁文版,或者其意大利文注释的版本。维特鲁维的著作是公元前80年左右罗马建筑理论和实践的总结。莱昂·巴蒂斯塔·阿尔贝蒂(1404—1472年)《论建筑》是维特鲁维著作的一种文艺复兴延续。见朱安·伽道尔《莱昂·巴蒂斯塔·阿尔贝蒂,文艺复兴早期的完人》(芝加哥,1969年),特别是第117页。

㉕ 有关拉伯雷与费兰达利尔的关系见亚瑟·休哈德《拉伯雷,在意大利旅行,放逐到美因茨》(巴黎,1891年),第274页。

㉖ 拉扎利·塞内恩引用的例子,《拉伯雷的语言》(巴黎,1922年),Ⅰ,第54—55页,表明《建筑和建筑师》于1539—1546年首次出现于法国。胡格特的《16世纪法语词典》发现这些词语被让·勒麦尔·德·贝尔戈斯(1514年前)、杰弗瑞·托利的《田野之花》(1529年)使用过,但是在这些早期用法中,首要应用不是建筑,而是建筑的观念——例如,上帝被称为"全球建筑师"。

第三篇　对美的探索

确地说,依靠透视法和人体解剖学的精确原则。这个运动的结果可以在李奥纳多杰出而令人鼓舞的工作中看出来,李奥纳多是一位博学多才、独具匠心的发明家和伟大的画家。他生活的15世纪的工作就是狂热地征服两件事物:明确而科学的透视法理论和人体解剖知识。㉗这是意大利特有的努力,同样的事情在法国、弗兰德尔和德国都没有发现。到15世纪末或16世纪初,意大利艺术家在构图、解剖学和透视法知识方面显然优于弗莱芒艺术家。例如,由曼坦纳创作的被钉死的基督通过透视缩短的力量勇敢而自信地走向文明。㉘意大利人的优势强大而明显,任何人都无法质疑或抵制它的吸引力——或者至少没有人明白这种艺术部分是科学的,没有人的眼睛向古代之光打开过。现在很清楚,为什么意大利艺术在15世纪上半期对北方没有产生影响,为什么它的传播范围没有超出意大利半岛。时机还未成熟,一方面,意大利还没有掌握令人印象深刻的技术,它还在探索。逐渐地,透视法的技术困难被克服了,人体解剖的精确知识也正在被掌握。在取得成功的第一步时,阿尔卑斯山以北的人对此不感兴趣。它们对北方画家细微、精确、色彩鲜艳、笨拙的艺术仍然全盘接受,深信不疑。还需要假以更多的时日。首先意大利的艺术技巧需要改进,其次北方的文化知识还有待提高,从而为意大利艺术优势的来临作好准备,这种优势是相对法国人一直喜欢的北方画家的传统艺术而言的。

　　对这种情况的估计不宜过高。意大利艺术力图控制、支配和清除的东西就是16世纪弗莱芒和德国的艺术,而不是法国人珍视的

㉗ 雅克·麦斯尼尔:《阿尔卑斯山南北的艺术》对这个问题进行了有趣的评论,特别是第57页。15世纪对透视法的研究及其结果被伽道尔的《莱昂·巴蒂斯塔·阿尔贝蒂》第21页和塞缪尔·Y.艾德加通《文艺复兴时期线条透视法的发现》(纽约,1975年)。有关阿尔贝蒂、皮埃罗·弗兰西斯科和李奥纳多著作的引用见伊丽莎白·G.霍尔特:《艺术史文献》(纽约,1957年,第一版,1947年),第203页、253页和279页;关于解剖学的进步见第286页。
㉘ 曼坦纳创作的《基督受难图》收藏在米兰布里拉画廊。复制品可在李奥内罗·文图里和罗萨—比安卡·斯基纳—文图里《文艺复兴的创造者》(日内瓦,1950年),斯图亚特·吉尔伯特英译。

15世纪弗莱芒艺术。法国人从意大利学会了这些技术,而且16世纪之前,法国人就已经不怀疑这些技术的存在:大型画布、神话场景、枫丹白露宫中的大型异教徒裸体壁画。㉙ 这些借鉴是自然的,法兰西斯一世甚至不能请法国人、德国人或弗莱芒人创作他想要的画作,为他在卢瓦尔河畔宫殿创作的是:1531年吉安·巴蒂斯托·罗索,1532年初,由波伦那的弗兰西斯科·普里马提乔创作。

建筑与绘画不尽相同。㉚ 我们现在仍然参观和崇敬的卢瓦尔河畔的宫殿不是意大利人的作品,尽管它们都带有显而易见的意大利风格。法国形成了一种新型建筑风格,它融合了法国悠久的建筑传统和意大利新式风格,从1535或1540年前法国建造的房屋可以看到这种混合风格。这个时期的建筑师既不照搬也不复制意大利的建筑式样,他们借鉴、吸收并改进意大利建筑风格,他们在任何能发现的地方实施自己的建筑理念。

同样,法国也没有抛弃喜爱北方建筑大师的长期传统,只要想想肖像画在16世纪法国艺术史中的重要地位,想想挂在博物馆和家庭中的传统上被称为"克罗特"(Clouet)的芸芸众生吧。让·克罗特是弗莱芒人,他首次出现于1516年的王室账目中,他的竞争对手康内利·德·莱昂也叫康内利·德·拉·哈耶,也是一名弗莱芒人。作为16世纪法国艺术典型的肖像画是一种由弗莱芒人用弗莱芒风格创作的艺术。当意大利因素悄悄出现于查理九世和亨利三世时期的法国肖像画中时,它们不是由意大利人而是由具

㉙ 这个问题可参见路易斯·狄美尔的《普里马提乔》(巴黎,1900年)。普里马提乔是为法兰西斯一世枫丹白露宫的房间创作的主要意大利画家。这些房间变成意大利艺术在法国发展的中心,因此我们说"枫丹白露画派"。还可参见塞沃德《文艺复兴时期的君王》。1972年"大宫殿博览会"展出了许多复制品,《枫丹白露画派》(巴黎,1972年)。

㉚ 路易斯·豪特科尔:《法国古典建筑》第一卷《古典思想的形成》第一部分"早期文艺复兴,1495—1540年"(巴黎,1963年),第二部分"人为主义者的文艺复兴,1540—1589年"(巴黎,1965年)充分论述了法国建筑艺术的发展历程。

第三篇　对美的探索

法国国王亨利三世
（1574～1589年在位）

有意大利风格的弗莱芒人引进的，这是一个有趣的现象。迪美尔在《16世纪法国绘画》中注意到这种现象，尽管他对此没有表示任何过分惊奇。[31]

　　换句话说，无论对意大利的迷恋多么强烈，仅有这种情感还不能产生文艺复兴初期法国艺术的急剧变化。迷惑和所谓"意大利艺术入侵"都没有发生，在古典文学重新引进并开始转变人们的思想，为他们提供理解、呼应意大利艺术，或一个意大利艺术爱好者出现于路易十一和查理八世时期的艺术中之前。值得注意的是，这种走向意大利艺术的趋势将会停滞，如果知识觉醒的努力方向之一不是朝着16世纪宗教的话。宗教改革和反宗教改革也是1540—1560年间强大的潮流，它们一定会战胜16世纪法国的旧艺

---

[31] 见路易斯·狄美尔：《16世纪法国的绘画》（伦敦，1904年），第66页；关于科内里·德·莱昂，见第127页；关于亨利三世时期的意大利风格，见第145页。也可参见彼得·梅伦：《让·克罗特》（伦敦，1971年），它有克罗特现存作品的完整目录。

术和插图传统。不是意大利战争或意大利艺术引进法国,而是这些事情以及爱好古典文学的重新出现,成为法国艺术发生重大变化的真正原因。

因此,一个结论性词语就补充了这些急就的素描图:这些伟大运动的意志、趋同、同步和互相联系,它们经历了一个世纪。乍一看,这个世纪似乎是骚扰的、暴力的、无关联的——如果你喜欢用这个词的话,这个世纪是这些特点的综合。但是我喜欢一个更简单的词:生活。生活是历史学的全部目的。人类生活仅仅是趋同、一致、联系、综合,运动也是如此,各种相遇的力量经常互相碰撞,这种碰撞有时会产生奇异的火花。为了感受和全面理解它,人们不能一直静静地呆在书斋里苦思冥想,缺乏远见和洞察力,像一个弗莱芒织工端坐在火炉边过冬一样。我们需要的是打开通向广阔世界的道路,在世界的某些交叉点上,把握不同的风向。为了更好地理解法国艺术,我们必须知道如何使缓慢而从容的旅行从注重细节和专心致志的弗兰德尔转向注意戏剧效果、学术和逼真的意大利。

第四篇 对上帝的探索

过去,孩子是在难忘的优美童话故事中长大。历史被作为一串串轶事而展现在我们面前,至今仍被用于通过回忆过去而回答"现在"的问题,它们在我们脑海留下了深刻印象。在听说"宗教改革"前,我们早听说了关于马丁·路德降生的故事,这位善良的修士被修道院院长派往罗马,在那里目睹了许多凶残和野心,于是绝望地返回,从此下定决心斩断自己与教会的关系。

我们现在比原来了解得更准确。今天在教室里,我假设12岁的小孩正在笔记本上乱写道,尽管马丁·路德去了罗马,但他是一个模范的朝圣者,从一座教堂到另一座教堂,尽量收集免罪的恩宠。滞留罗马期间,这位修士十分尊敬甚至崇拜教皇和枢机主教们,返回德国几个月后,他还在称赞他们的渊博学识和非凡才能。[①]

轶事向每个人揭示了抽象的主体,即宗教改革是教会腐败的产物。如果我们翻开教科书,为新世纪而自豪地修订了的教科书、教导现代开明大众有关16世纪伟大宗教革命的教科书,我们就会发现同样的无稽之谈。这些教科书会问,"什么是宗教改革?"它是教会衰落的直接结果。15世纪末和16世纪初的教士已经堕落到恬

---

① 关于路德到罗马的旅行,见 H. 波美尔《路德的罗马之行》(莱比锡,1914年)和奥托·希尔编写的传记《马丁·路德》第二卷"修道院时期"(杜宾根,1917年)。英语论著方面,海因里希·波美尔《近期对路德的研究》,卡尔·F. 胡斯英译(纽约,1916年)和同一作者《通向宗教改革之路》,约翰·W. 多布斯泰恩和西奥·G. 塔伯特英译(费城,1946年)。也可参见吕西安·费弗尔《马丁·路德,一种命运》,罗伯茨·塔普勒英译(纽约,1929年),费弗尔自称该书是一部心理传记,考察路德发现自己服膺于必须与罗马教会决裂这种信念的过程。

不知耻的地步。教会的宗教教育是不存在的,它的虔诚是无意识的、外在的,它的道德是不足的。宗教改革的光荣发生就是从企图以暴力来医治这种令人悲伤的状态。

不,我要重复一千遍,决非如此!我没有时间来详细论证这个观点是多么错误和荒谬。我没有时间逐一论述宗教改革主要人物的心理传记,以便向你们表明他们的思想体系与"腐化"这个概念是多么格格不入。但我至少可以问一个问题:腐化本身如何能引起比腐化更严重的后果?通过造成反对?但这不是必要的。有的腐化存在了成百上千年,但没有引起任何反对,只要它们没有被人觉得是腐败。腐化本身并不导致反对;只有当它被认为是腐化时,当它变得那些认识到它的人觉得难以忍受时才会发生,这个变化是心理的,心理原因之外是社会原因。我要重复这些论文之前经常说的:我们应该从社会秩序中发现我们寻找的东西,让我们看看当时的社会并理解它吧。

一个社会阶级正在兴起,繁荣、发展并取得胜利。这些资产阶级正在置身于社会的上层。看看他们吧,听听他们吧,他们正在控制局面。宗教改革不会从一个人的心里全面爆发,无论这个人的内心是多么深沉和宽广。路德的声音将早200年就会响彻云霄,像喷泉的水柱一样:底部激湍而有力,但力量逐渐减弱,直到突然中断,像晴天的雨一样。1517年、1520年,路德的声音响彻世界,像巨大的回音一样,与其他正在等待信号的成千上万的人的声音汇在一起,并对他们产生影响,使这股声音变得高昂、猛烈、强劲有力,像《圣经》吹响的号角,摧毁了杰里科的城墙。

米西列对此有过精彩的论证,我不可能说得比他更好:"路德的影响,他的人格力量,他控制的成功,传遍了整个欧洲,给各地风起云涌的宗教改革以动力。"[②]的确,自发地,但让我们再加上一句,这是运动的初期,一个既定社会的产物。在一个资产阶级时代,它基本上是一种资产阶级宗教感情的表现。

[②] 《法国史》,第二编,第7章"文艺复兴"。

第四篇　对上帝的探索

一

让我们看看新纪前夕1470年或1490年的世界,并思考一下我们的所见所闻。像法国这样的国家的宗教情况如何呢?当时像法国这样的国家的人民如何?但首先我们能称它为宗教吗?不清楚。从远处看,当时法国无疑只有一种宗教,即基督教。但是当我们走近并看看当时人们的内心世界时,情况会怎样呢?

对当时绝大多数法国人来说,宗教是风俗、习惯、仪式、庆典的混合体,他们的生活被宗教严格地制约着。我没有提到"教义",因为事实上没有能够或打算对普通的信徒传授宗教知识。我们必须把今天的法国与当时的法国区分开来。在当代法国,教士从孩子幼年就向他们传授宗教知识,教士系统而有方法地教授孩子们教义基础知识。但那时不是这样。

除了领取教俸的半贵族外,世俗教士由当地受压迫的无产者、没有因训练而改变的贫穷农民组成,当地教士偶然对他们进行管理,他们多少学会了主持弥撒,阅读或背诵必要的祈祷书。[3] 这样一个对自己一无所知的人会教给其他人什么呢?当时还没有学校(神学院)。

只有修士才把宗教教育当作他们的部分职责。他们像城市的教师那样很好地履行了教师职责,通过仔细遴选出来的城市传道者(牧师)被给与丰厚的报酬,他们利用四旬斋节(复活节前40日)和耶稣降临节,以一系列轻松的布道活动宣扬基督教教义。[4] 但是

---

[3] 关于这个问题的有用信息可参见勒内·德·毛尔德—拉—克拉维尔《法国大革命起源于16世纪:乡村的宗教改革》(巴黎,1889年)第159页。还可参见加百列·勒·布拉斯《教会与乡村》(巴黎,1976年),它论述了这个问题以及有关教会与乡村宗教信仰关系的其他问题。

[4] 这种布道一般听众很多;它们被认为宗教作用与娱乐作用一样大。巴黎的布道者像流行歌手一样受欢迎。成功而令人尊敬的布道者(让·吉尔森,米歇尔·蒙诺特,奥利弗·梅拉德)的祷文或摘要都被出版,以供其他演讲技巧、学识和想象力不够的布道者使用。

在乡村,修士可能停留下来布道。这种教育是松散、零星和简单的,没有什么效果。事后人们就忘记了,记住的只是大致的仪式和风俗。

宗教意味着去做弥撒。如果可能,则天天做,当进出教堂大门时,教徒都会小心翼翼地瞟一眼立在门口的圣克里斯托弗大雕像,他保护人们免于突然死亡。宗教意味着站在教堂里,当教士主持仪式时,信徒祈祷。四旬节和四季大斋日期间,宗教就意味着遵守严格的斋戒和素食,主日和圣日停止工作,每天祈祷,终生去远近的圣地朝圣二三次,最好的朝圣是勇敢地战胜风浪到圣地(耶路撒冷),不顾海盗、土耳其人和动乱,参拜所有的神圣场所。对返回故乡的香客来说,在十字架的帮助下,朝圣是可以在缩微画中被重复的。这就是宗教对大多数人的意义。

上层妇女在做针线活

第四篇　对上帝的探索

我不敢肯定这就是全部。宗教戒律在人的生活中占有重要地位，即使我们今天看来非常世俗的事情，如立遗嘱或博士论文答辩，也必须画十字架以示完成。从出生到死亡，人的所有活动都被宗教控制，宗教规范人的最细微工作，人的闲暇，人吃什么，人如何生活，正如教堂的钟声召集人们祈祷或去办公室，宗教控制人的生活节奏。教堂是人们欢乐和危急时刻的聚集中心。每个主日和戒斋日，全社区的人都按照等级聚集在教堂。纺织工充当唱诗班成员。坐在教堂前排席位的是乡绅，他带着宠物狗、妻子和孩子。地方官员坐在乡绅的后面，之后依次是体力劳动者，最后面是卑微的大众，如随从、仆人、孩子和正在教堂里的牲口。当教会或宗教对社会产生如此重大影响时，那么它就不能被人们轻蔑地当作仅仅是一部分仪式。

我们通过分析一本小书而进一步论述，这是住在弗朗什—孔泰地区的一名普通人的流水账，像成千上万保留至今的类似文献一样。⑤ 这个人叫雅克·科德里尔，他生活于朱罗（Jura）地区的克莱尔沃（Clairvaux）。由于他不是教士，所以他娶妻生子，与教会只保留正常的联系。他依靠出售皮革谋生。没有什么线索能证明他属于社会精英阶层。在这本流水账中，我们发现了一份名单，题为"克莱尔沃（Clairvaux）的公证人雅克·科德里尔晨祷文"。他首先在胸前划十字，祈祷"以圣父、圣子、圣灵的名义，阿们……"

起床之后，他先在胸前划十字，然后祈祷"以圣父、圣子、圣灵的名义，阿们……"

我们这里有了一份把我们带回与今天大相径庭的习惯的文献，它告诉我们很多有关16世纪宗教的真正含义。

---

⑤ 艾米莉·隆金"雅克·科德利尔·德·克莱沃（1570—1637年）的手稿"，收录于《朱罗纪竞赛协会纪念文集》第6丛书，第3卷（1898年），第248—284页。本文引文是第283—284页。

二

　　普通人生存于社会地位极高和极低的人、穷人和富人之间。位于普通人之下贫困大众包括处境悲惨的人、经济落后地区的人、未受过教育的人、那些辛勤劳作但是遭受不幸的人、那些衣不蔽体食不果腹的人。实际上，他们经常更多地生活于动物之中，而不是生活于人类社会中。普通人之下是维兰，他们穷困的生活方式使他们遭受责罚、嘲笑和辱骂。但他们也是教会信徒的一部分。

　　每个人都去教堂，每个人都有权利在教堂感觉像在家里一样自在。他们甚至感到在教堂比在家里更自在，因为古老的基督教平等思想控制了"上帝之屋"的入口。农民游行时吟唱着古老的歌谣："当亚当耕种夏娃织布时，谁是绅士？"我们和他们一样，在上帝眼里，如果不是在世俗世界的眼里，人人都是平等的……

法国社会的三等级（僧侣、贵族、农民和工商业者）

第四篇　对上帝的探索

他们是贫穷的信徒，衣衫褴褛。他们仍然疲于日常辛勤劳作。当人们做弥撒时，熏香的气味袅袅上升到天空，而肃静的教堂突然响起了歌声。在肃默的时候，教堂里只回响着从教士薄薄嘴唇之间滑出的拉丁语布道，这些布道在这些粗头笨脑中慢慢地形成什么模糊的梦幻呢？清晰的思想当然是没有的。他们将思考什么呢？谁将填补他们思想的真空呢？弥撒是用拉丁语讲的。对他们来说，祈祷只是形式的、不可理解的咒语。没有人真正教授过宗教知识，他们之所以出现在那里，是因为那就是习俗，他们觉得他们应在那里。他们划十字，因为他们认为这是人必须做的事，每个人都划十字，自从他们有记忆起，他们就看见每个人都划十字。他们下跪、站立、模糊地听圣歌和祈祷，迷惑、吃惊地张开嘴巴，目光呆滞，所有这些接近的思想在其他地方固定下来。

哪里呢？米西列告诉我们：[6]在田间、在森林、在沼泽、在草原的橡树、在子夜龙蛇来饮水的冷泉。在内心深处，他们强烈地依附模糊的和各地不同的传统、长期被认为消失了的、潜在宣传的幸存传统。我们不应该忘记大众的自然主义和本能的泛神论广泛流行，它们经历了中世纪和文艺复兴。对于那些容易受自然主义影响、不问青红皂白就相信它的人，基督教只有一种回击，称它们为邪恶、反上帝的恶魔。异教集团非常突然地粉墨登场，但被搜查、追捕、受折磨，最后被公共权威清除。之后有一段平静时期，但不久又在不远处发生同样的动荡。

原始共产主义萌芽经常从这种浑水中冒出来。想象一下粗手大脚的农民的秘密集会，胡乱地结伴跳舞，就像16世纪初动荡年代的德国旧领主的版画所显示的那样。这些粗人的麻痹暗示了不可言喻的阴暗和神秘感情，这是一种有点可怕的感情。一大群人生活在文明的边缘，没有人意识到这是反抗的边缘，也没有人意识到他们的存在，文明把他们排除在外。但这群人有时会突然奋起

---

[6] 朱利斯·米西列《法国史》，"文艺复兴导论"。

仲夏农民在田间劳动

反抗压迫和排斥他们的世界。这是隐藏在普通人内心的极端状态。

普通人之上的世界是学术世界,或被看成是学术世界。狭小封闭的学校、读书的世界、会阅读并已经得到阅读材料人:手稿藏在修道院,书籍放在他们的书架上。在学术世界中,人们讨论和争辩某一问题,他们用教条和神学论点来丰富自己的信仰。我们知道,宗教改革前夕,这种人几乎都被奥卡姆主义(Ockhamism)所吸引,这是一种活跃而勇敢地反对圣托马斯·阿奎那理智主义、向阿奎那为信仰提供理性证明发起挑战的思想。[7] 奥卡姆主义猛烈抨击

---

[7] 参见奥古斯丁·内诺德杰出的著作《意大利战争前法国的宗教改革和人文主义》(巴黎,1916年),第66页特别论述了奥卡姆主义。弗里德里克·克普勒斯通《哲学史》第三卷,第一部分"奥卡姆到投机的神秘主义者"(纽约,1953年)第56—133页对奥卡姆及其追随者的哲学思想进行了论述。关于普通人与"知识分子"之间的裂痕、这个时期教会的一般状况等问题,可参见保罗·奥(转下页)

第四篇　对上帝的探索

托马斯主义者调和信仰与理性的企图。它把基督教生活简化为参加宗教仪式和从事善功。与此同时，基督教的完整性也减少为一系列被人接受的、既不成问题也没有爱的信仰，精神变为文字的奴隶，俗人变为教士的奴隶。

毫无疑问，奥卡姆主义本身既不平凡也不渺小。它能够而且应该在其他时期结出累累果实。它被禁止并宣布所有对先验论和认识论的思考都是不可能的。只要得到适当的启示，人类理性就会认识到它的无效。信仰变得屈从于启示的权威，从此像教条那样不确定和值得争辩。但是奥卡姆主义没有为肯定的、经验的现象研究设置障碍。因此，早在14世纪末或15世纪初，它就鼓励信仰与理性的分离。正是这种分离不同于现代思想习惯。理性符合现在的世俗生活规则、法律规定、战争与和平、工作与财富的行为规范。宗教被赋予了永恒希望的仪式、揭示真理的卓越任务以及未来生活的承诺。

奥卡姆主义在理论上做到了所有这一切，但实际上时机尚未成熟。实验科学观念对14世纪既无仪器又无方法从事这种工作的人来说是完全陌生的。由于被奥卡姆的认识论王国驱逐出来，所以他们不能建立自己的世俗王国。他们不能观察最接近的心理实

（接上页）利雅克和亨利·基勒斯《西欧教会组织和权利史》，第十三卷"后古典时代，1378—1500年"（巴黎，1971年）。

奥卡姆是一名英国方济各修士（约1290—1349年）。作为一个哲学体系的奥卡姆主义大致等同于唯名论。它的特点是认为，一般名词——如猫——只代表个别事物——如我的猫、墙壁上的猫——和猫这个概念，共相仅仅是出于语言便利而使用。奥卡姆主义者也主张"矛盾原理"，即只有对立事物不产生矛盾的论点才是确定的。这就导致事物很少确定性。（例如，"我的猫是黑色的。"那么所有不是我的猫就不是黑色的。由于第二个论点是错误的，所以第一个论点也就是不确定的。）排除哲学研究许多领域中的确定性，如上帝的存在、使信仰变成绝对的品质等，都不被理性所支持。这种观点对神秘主义者具有一定的吸引力，因为他们常常很少利用理性。奥卡姆主义者把极端唯名论应用于神学，导致神学与哲学之间的明确差别，因为人类不能与只以名词的形式存在的宇宙发生联系，宇宙只是上帝显示自己存在的方式。因此对人类来说，上帝是不可知的，而且通过信仰也无法接近。

际情况。他们脱离主观的评论，沉迷于最抽象乏味的形式逻辑和三段论推理研究。他们创立了语言科学，空洞而且沉闷，为16世纪初所有人文主义者和改革家提供了一些残羹冷炙或一根救命稻草。

特别严重的问题是，一个无思想见解的低级教士把宗教简化为一套空洞的仪式，而一名学识渊博、有博士学位和神学家称号的教士，无疑为了非常高尚的目的，但是利用逻辑学家的不屈不挠精神，谦恭地奉守文学和教会戒律。后果的确是非常严重的，因为与此同时，大量信徒继续探索上帝，而且一种信仰满足了它的需要，一种新的精神从他们内心迸发出来了。

三

在唯名论和奥卡姆拥护基督教思想的影响下，西欧教士为信徒制定了严密的计划。他们不理解，他们也不试图理解，他们必须禁止企图理解和亵渎教义的思想，他们必须相信教义是人类无法理解的观点，追随奥卡姆的观点，他们认为在这个世界上能了解的人不是上帝。这些权威性论断必须不折不扣地被相信。教会命令或批准的正式习惯必须被当作仪式而履行，不需要慈善施舍活动。信徒与这个计划有什么关系呢？

对大多数信徒来说，我们正在谈论的是头脑清醒、逻辑严密、勇于创新的中产阶级，他们受过一些教育，知道教育的价值和人类知识的力量，他们因为拥有土地、房屋、金银而满怀自信。所以他们热切地盼望一个新的权威，用他们的权威取代旧权威，以便他们能对世界宣称：我们是时代的幸运儿和主人。但是他们被提供的宗教是教会的、形式主义的，强调权威、服从和愚昧无知。他们不愿意接受这种宗教，开始采取消极抵制的态度，后来采取反抗的手段。你可能会说我没有这方面的证据。的确，没有文献证明整个时代，一个阶级的宗教情绪与当时占统治地位的神学思想是完全不一致的。

第四篇　对上帝的探索

答案不在文献中，而在艺术作品和修女院中。修女院里到处是证据。宗教改革前夕一直被认为是一个基督教走向崩溃的时代，宗教组织衰落，修道院的力量被破坏，它们的吸引力仅仅限于修道院之内。[8] 但是与此同时，修道院的小密室里实际上充斥了虔诚的基督教徒，身心疲惫的贵族从一个没有教义的教堂、没有感情的学校引退到修道院。在修道院中，他们寻求精神食粮，寻求心灵安宁。神秘主义和禁欲主义是人们对堕落为唯名论的奥卡姆主义严格教义的一种必然反应。他们无疑是失望的，他们选择了放弃，而这反过来又刺激了他们的神秘主义。他们感到邪恶横行，世界是荒谬的，它不能容忍人们生存和奋斗于其中。这是神秘主义的一方面，但是伟大的神秘主义思潮中还有其他因素，即使宗教改革爆发后，许多贵族也迷恋神秘主义。[9] 我仅举一例，法兰西斯一世的姐姐纳瓦尔的玛格丽特，[10] 她也许可以作为那些不满于唯名论的宗教态度、默默接受教士布道、机械地进行仪式和工作的人的代表。这已表明了这个时代的精神。

还有一面镜子，更能反映时代精神的镜子，因为它不属于任何

---

[8] 见奥古斯丁·内诺德杰出的著作《意大利战争前法国的宗教改革和人文主义》，他对16世纪早期法国修道院改革的各种企图也进行了全面的论述。例如，有人企图按照温德谢姆宗教会议制定的规则改革修道院，这些贵族包括守贫、缄默、在作出影响修士的决定前修道院院长必须与修士进行协商等。当时修道院生活的吸引力可从勒费弗尔·德塔普的例子中看出，他是福音运动的领袖人物，内诺德称他为"前宗教改革家"，1491年，当他40岁时，他非常严肃地考虑变成一名隐修士（内诺德，前引书，第204页）。有关温德谢姆改革运动，参见阿尔伯特·希玛《基督教的文艺复兴》（汉登，1965年），第137页，特别是152—157页。
[9] 许多人觉得教会内部需要进行改革、返回《圣经》、以《圣经》作为信徒的向导。他们为教会内部改革而工作。当被问及在个人信仰与教会的权威格言之间进行选择时，路德回答他将选择个人信仰。这个有意的自愿脱离决定标志着宗教改革的开始。
[10] 玛格丽特·德·纳瓦尔（1492—1549）写过几本神秘的宗教韵文（除了世俗著作外）。她的宗教感情也以几种更活跃的方式表现出来；她的宫廷（她是纳瓦尔的王后）是那些被神学家追捕的人的天堂。费弗尔在《热爱神圣，还是热爱世俗，〈七日谈〉的作者》（巴黎，1944年）中以她的宗教态度为例。

Life in Renaissance France
法国文艺复兴时期的生活

法兰西斯一世的姐姐
那瓦尔的玛格丽特

一个小集团,而属于每个人,那就是艺术。15世纪的宗教艺术逼真、悲伤、人性化,马勒的《哥特式图像》生动地描绘了它。这种艺术证明当时的神学是多么落后于时代。这个时代比我们通过学习当时的哲学和经院哲学论文所得出的印象更自由、更人道、更现代。勒费弗尔·德塔普几乎与达·芬奇同时代,他的僵硬而蹩脚的拉丁语散见于蛮族语言中,晦涩难懂。但他与另一个人比较从未进行,那就是几乎与他完全同时代的法国伟大雕刻家米歇尔·克伦伯……宗教改革传播到大众的速度有时令人吃惊,但是应该记住,到那时为止,学者、聪明的布道者和宗教改革的第一批宣传家呼唤一种更满足他们的需要、更人性化、更接近内心世界的宗教。长期以来,善良的法国人已知道一种详细描绘圣母的人性、"哀悼基督"的悲伤、戴刺冠的耶稣画像和葬礼的悲剧艺术,借助这种艺术,他们熟悉剥除了教士伪装、充满怜悯、直接并持续打动内心的宗教。[11] 后来,当这些画像被新教徒破坏时,他们犯下的不仅仅是汪达尔主义罪行。也许此外,在一定程度上,他们还是尊敬一种曾经偷偷地为他们铺平了道路的艺术。

---

[11] 这是真实的,不仅在教会,而且在家里。1450—1550年巴黎南部乡村普通家庭财产清册描述的艺术作品中,人们明显更喜欢受难图,仁慈的圣母、圣塞巴斯蒂安、基督的悲痛。见伊翁内·贝扎德《巴黎南部的乡村生活 1450—1550年》(巴黎,1929年),第304页。

第四篇　对上帝的探索

当我谈论人民时，我自然是指中产阶级的人。布尔日主教堂建于 13 世纪，它高耸的中殿没有被左右两翼所隔断，一边被短边小礼拜堂所包围，其中有些小礼拜室建于 13 世纪，另外一些则建于 15 世纪，它们是如此舒适、欢快、亲切。置身如此优美的主教堂中，人们自然会想起当时画家可能描绘了年轻、优雅、甜蜜地接受天使报喜的圣母像的小房间。这些小礼拜堂都以旧资产阶级家族命名，如弗拉德、伯加勒、特卢梭、雅克·科尔、柯平、拉罗伊、图里尔、阿里格瑞特等。阿里格雷特曾下令对这些小礼拜堂进行装修，安装彩色玻璃和祭坛。⑫ 它们都是风格、人道、悲伤的真实而无可辩驳的证明。在奥卡姆主义和唯名论占统治地位时期，开明的资产阶级、富商、有文化的律师就是在这些小礼拜堂里认识他们的宗教，坚持他们的信仰。

四

有些人逃避红尘，到修道院的小密室里避难，面对光秃秃的四壁。当夜幕降临、白天修行结束时，他们沉浸于禁欲苦修的教义中，或者在黑暗的小礼拜堂里，沉思头戴荆冠的基督的爱，在鲜血和痛苦折磨的汗水中浸泡：徒劳地追求阳刚的、热情的灵魂。由和平重铸的世界充满了欢声笑语。追求隐退到修道院小密室的时代已经一去不复返了。像富利尔·让（Frère Jean）⑬那样摩拳擦掌，为了有价值的事业而工作的时代已经来临了。

到 1525 年，中产阶级已经意识到自身的力量。依靠它的黄金

---

⑫ 15 世纪布尔日主教堂中小礼拜堂的捐助者都是该地区的资产阶级。例如，雅克·科尔（卒于 1461 年）是法国也许整个欧洲的首富。他是一个金匠之子，查理七世时期，他变成国王财政的审计官（和借款人）。西蒙·阿里格瑞特（卒于 1415 年）是伯利公爵的私人医生，由于公爵的慷慨，他积累了大量财富。他的礼拜堂，特别是它的豪华玻璃窗，也许是最具有审美价值的。皮埃尔·图里尔（卒于 1532 年）是一名律师、国王的顾问、布尔日市长（1479—1482）；他的兄弟和侄子都选择教会工作为职业，后来都擢升为主教堂座牧师。
⑬ 富利尔·让是拉伯雷《巨人传》（第 39 章）中描写的一位托钵修士，他相信善功。他还以实际行动的宣扬者而出现于拉伯雷《第四书》（第 19—22 章）中。

和借款,通过福格尔家族银行的代理,中产阶级已经扶持了皇帝查理五世和教皇立奥十世。[14] 印刷业已经开始迎合中产阶级的兴趣、本能和职业利益。到1525年,中产阶级已经兴起并开始发挥作用。面对这种热火朝天的景象,教士几乎无动于衷。让教士们让道、为资产阶级腾出空间,让教士们为理性、学术、自尊、踏实、清醒感到骄傲吧!

"我为你,我的兄弟而向上帝祈祷,"修士为尘世的人们嘟囔,"当你用双手和头脑工作时,当你为那些依赖你的人耕耘时,我在修女院谦卑地面向上帝,为你赎罪,一个罪人……"——这是现代人骄傲地予以反对的中世纪观念。如果有人问有关修士的任何事情,如他是人、穷小伙、受压迫者和受剥削者?让他拯救他自己吧,这就足够了。灵魂得救是个人的事情。每个人临终时都将与上帝面对面清算一生——就像一位精明的商人月底清算账目,收缴到期债务,兑现无需再核实的支票。每当我思考这种心理状态时,一个小场面就会浮现在我眼前,一幅生动的插图,一个天真而著名的故事,由匿名的证人为我们保留下来了。

这个场面的主角是纪尧姆·法雷尔,他生长于阿尔卑斯山麓的盖普(Gap),个子瘦小,但身体结实,精力充沛。他的生平故事就像一篇冒险小说:他往返于盖铺和莫城(Meaux)之间,到过巴塞尔、斯特拉斯堡、麦茨,有一次他还伪装成麻风病人与真正的麻风病患者一起乘车逃离麦茨,然后他到蒙贝利亚尔(Montbeliard)、纳沙泰尔(Neuchatel)、洛桑和日内瓦。无论哪里发生战争,无论哪里的教会与改革家发生冲突……这个五短身材、眼睛深陷、前额高耸、鼻子

---

[14] 福格尔家族从15世纪初就投身于商业,15世纪后半期,在雅各布·福格尔(被称为"富人雅各布")领导下,该家族走向兴旺。他们在北欧、中欧、意大利、西班牙、新大陆等地都有商业利益。皮埃尔·嘉宁《16世纪的商人》,保罗·菲廷高夫英译(纽约,1972年,法文版,1969年),说富人雅各布之后的一个世纪为"福格尔家族时代"(约1475—1575)。当时和现在一样,金钱是选举中的重要因素,由于神圣罗马帝国的皇帝和教皇都是被选举产生的,所以福格尔家族在这些选举活动中扮演了重要角色。

第四篇　对上帝的探索

鹰勾、嘴唇薄薄、长长的红色山羊胡子弯得像刀锋的红发男人是加尔文之前论述法国新教最好、最可靠的文献记载。

他只是一个俗人,从未被任命为教士。与路德和慈温利不同,他不是从天主教教士转向宣扬宗教改革的人。相反,他从俗人变成精力充沛、感情奔放的牧师。但是他太爱出风头,有时连他的支持者都感到震惊。

这个场面是美丽的瓦尔德鲁兹河谷(Val de Ruz)深处的东伯松(Dombersson),瓦尔德鲁兹河顺着赛雍(Seyon)峡谷流经纳沙泰尔,但是它在瓦兰金及其城堡之下流入了一片平静的草原。在东伯松,1531年2月19日,毫无疑问,这是寒风刺骨的下雪天。但任何困难都无法阻止法雷尔到处宣传他的信仰。教士纪尧姆·加龙平静地做弥撒。不久,从比安(Bienne)和纳沙泰尔(Neuchatel)来的陌生人涌进了教堂,其中就有法雷尔,他听了一会儿,站起身来对布道的教士说:"可怜的家伙,你不能停止辱没耶稣基督的名字吗?"教士停顿了,不知道该说什么。"侮辱性地?的确,我不知道我在辱没耶稣基督,一旦我知道了,我将立刻停止。"法雷尔继续说道:"把你的书给我,我将告诉你,你完全否认了我们的主耶稣基督的死和感情,他为我们而牺牲自己,他不必再为了我们而牺牲了。"法雷尔从教师手中夺过书,翻开相关内容,告诉他为什么他是"亵渎上帝",直到教士最后承认他混淆是非,并当着教区信徒公开忏悔说,法雷尔正向大家揭示真理。

我正在忠实地引述的作者继续写道:"当时教士脱下法袍,忏悔自己辱没了它,悔恨并请求主的宽恕,并向上帝保证将永不做弥撒布道。依靠上帝的力量和意志,东伯松的偶像全部砸烂焚烧。"⑮

这是一个真实的场面。像在其他地方一样,纪尧姆·法雷尔在东伯松仅仅代表他自己,不代表其他任何人。他只是一个人,单个的人,尽管他富有热情,意志坚强,精力充沛。但是他背后站着一

---

⑮ 这则轶事的来源是亚瑟·皮雅格特编《纽夏特地区宗教改革未刊文献》(纽夏特,1909年),第52份文献,第134页。

个阶级,这个阶级也进行了象征性的活动。他们用强大而合理的力量,把教士赶下了祭坛,并从一声不吭、知其然而不知其所以然的教士手中夺过书本。

五

两个集团被遗漏了。一方面,在大门紧闭、得到良好保护的索邦(Sorbonne)是贾诺图斯·德·布拉马多(Janotus de Bragmardo)、图巴·霍洛芬内斯(Thubal Holofernes)和他们追随者——衣衫褴褛、举止乖张、脾气暴烈的索邦人。⑯ 可怜的、缺乏教养的书呆子被迂腐的学问所困扰。他们轻松自如地应付学问,但是没有任何进一步行动。这也许是怪异的,但肯定是害怕的,因为他们是反宗教改革的象征,他们咬牙切齿,用眼睛的余光蔑视地看着刽子手。

与他们对立的代表是沉默的农民。他们想什么呢?世界很快就知道,处于短暂的悲剧性动荡的时代。当路德在德国名声鹊起、大声呼唤自由的时候,他的主张犹如一声口哨传到了农民大众。下等人、农奴、卑微的人、受所有人压迫和嘲笑的人突然站起来了。他们的原始共产主义站起来了,他们满腔怒火。结果是一系列徒劳的叛乱,震惊了德国和世界。

这些就是第一场宗教改革——中产阶级和发生于1520—1530年的宗教改革——的局限性。从上述内容我们知道,神学家受到来自社会底层的强烈抵制。这导致突然的中断,不确定的因素只是未来应该采取什么行动。

---

⑯ 贾诺图斯·德·布拉马多以巴黎大学神学家的身份出现在拉伯雷《巨人传》(第19章)中,他作了一次非常华而不实、自吹自擂、形式主义而空洞的演说,要求高康大(一位巨人)归还从巴黎大学钟楼盗走的大钟。
　萨巴尔·霍洛菲尼斯(从字面上看,"萨巴尔"在希伯莱语中意思是"混乱","霍洛芬内斯"是指《圣经·朱迪斯书》中残暴的独裁者,被认为是教会的迫害者)。霍洛芬内斯被任命为年轻的高康大的家庭教师。直到他的教庭教师死于天花,高康大还回忆起许多无用的知识。

第四篇　对上帝的探索

但我们都知道后来发生的事情。农民迅速抓住了机会,他们的大白牙与晒得黑黝黝的脸形成对照,增添了对这些令人讨厌的人的恐惧。贵族则全副武装,大肆杀戮。而路德支持贵族。粗鲁的人群再次平静下来,他们默默地亲自到教堂听布道。但1530—1600年欧洲各地点燃的成千上万的火刑柴堆告诉我们,他们的精神在哪里。每个柴堆代表一个男巫或女巫被恐慌或恶意地审判,以便为想象的罪犯和无能力隐藏的异教徒抵罪。

宗教改革家约翰·加尔文

教会的神学博士们取得了暂时的胜利,他们以怨恨来嘲弄宗教改革,认为它是社会革命的温床,并讥讽地诘问:新教牧师靠什么权力取得这个头衔,从哪里获得权利。他们取得了胜利,不仅因为他们组织了新的天主教回击宗教改革,而且因为通过他们的反对,他们迫使宗教改革变成了一种教会、宣布了它的局限性、确定了它的界线。这种策略在一定程度上也适合路德,尤其适合加尔文。

81

加尔文更明确地划分了不可逾越的界线,他以折磨烧死塞维图斯、绞死贝斯利尔(Berthelier)等手段来划定这条界线。⑰

　　宗教改革运动似乎突然以血腥屠杀而告终。这只是表面现象。宗教改革家烧死迈克·塞维图斯的事实也无法改变宽容是宗教改革必需的女儿这个事实。宗教改革家可能删除了隐藏在严厉的天主教狭隘的教条背后的内容。自由批评从来不是宗教改革的必要女儿。⑱ 1852年,蒲鲁东(Proudhon)在《十一月二日军事政变证明的社会革命》中就已经说过这些。

　　当路德否定罗马教会的权威和天主教的章程时,他还提出了信仰的原则:每个基督信徒都有权利阅读《圣经》,在上帝赐予的明灯照耀下解释《圣经》,当他因此而使神学世俗化时,我们从这个惊人的宣言中能得出什么结论呢?直到那时,作为基督教徒的女主人和教师的罗马教会的教义已经出现了错误,它有必要召集寻找真正福音传统的信徒代表大会,重建纯洁而真实的教义。改革后的教会的当务之急是,设立新讲台,宣扬这些纯洁的教义。这是路德、梅兰西顿、加尔文、贝扎和所有拥护宗教改革的虔诚和学识渊博者的主张。⑲ 接

---

⑰ 迈克·塞维图斯是一位西班牙医生,1553年被烧死在火刑柱上,是第一位死于新教徒之手的异端。塞维图斯对"三位一体"和新生婴儿的洗礼持不同于正统教义的看法。这两种不同看法的任何一种都足以让他受到天主教宗教裁判所的火刑。如果加尔文没有在塞维图斯前往日内瓦的途中逮捕他,塞维图斯也很可能遭到这种下场。参见罗兰德·S. 拜恩通《被捕的异端:迈克·塞维图斯德生与死,1511—1553年》(波斯顿,1935年)。贝斯利尔之死更多是加尔文政治思想的胜利,而不是他的宗教思想的胜利。

⑱ 事实上,第一部主张宗教宽容的神学著作是为了批评塞维图斯被烧死这个事件的。塞巴斯蒂安·卡斯特利昂《论异端及其迫害》在塞维图斯被烧死几个月后就出版了。有关16世纪宗教宽容思想的发展,可参见罗兰德·S. 拜恩通"塞巴斯蒂安·卡斯特利昂,自由的先驱"(莱登,1951年);约瑟夫·勒克莱尔《宽容和宗教改革》,T. L. 维斯托英译(纽约,1960年)。

⑲ 梅兰西顿(1497—1560)也许是路德(1483—1546)最亲密的信徒;虽然他与路德信仰相同,但是由于爱好和训练,他比路德更加学识渊博。贝扎(西奥多·德·贝扎,1519—1605)与加尔文(1509—1564)的立场非常相似。一般认为,梅兰西顿和贝扎分别成为宗教改革的第二代领袖。

下来的事情清楚地表明,他们是在幻觉中辛苦工作。[20] 在被引入信仰和哲学中的"免检"标签下,人民主权对虔诚教派的容忍不会超过对哲学理论的允许。所有把包括新教思想的宣言当作最庄严的宣言的努力都是徒劳的。批评不一定以批评的名义进行。否定将无限地持续,任何可以阻止这种趋势的事物都注定了要遭到失败,正如削弱原则、夺取后代权利和行为倒退一样。此外,时间越长,神学家的观点分歧就越大,教会就会建立得越多。而这正是宗教改革的力量和真实情况。那就是它的合法角色和它未来的力量。宗教改革是使人民能够不经意地从恐惧的道德规则转向自由的道德规则的修道院解散的起源。博苏特(Bossuet)认为新教教会的多样性是它们失败的一个信号,他和那些因此而感到羞愧的新教牧师都表明,他们对这场伟大革命的精神和重要性领会得多么少啊![21]

我很想引述整个段落,一个更好段落中的一小段:大暴露被强有力地控制等。这种句子充满了《社会革命》一书的开篇。即使多年后的今天,我们也没有更好的表达。批评精神失去了应有的作用。发动和参加宗教改革的人可能第一天就暂停了,他们从旧屋角探出头来,凭借对往日的回忆和少量老式家具,重建一座与原先一样狭小和封闭的房屋。但它只是暂停,临时的停止,而不是所有的人都认为应该这么做,他们精力过剩,革命热情过剩。他们觉得必须完成已经从事的事业,这至少花了三个多世纪。但是这场伟大的哲学、政治和宗教思想共同发展的运动的发端于何时呢?这是一个我们可以再次表达的世纪,让我们现在更深信地高呼优美而友爱的米西列的口号:16 世纪是一个英雄的世纪。

---

[20] 从没有政治权力和对信教自由的强大神学辩护的地位到通过承认对个人信教自由的限制而提高政治权力的过程可参见费弗尔《马丁·路德:一种命运》。加尔文的立场更加简单。他认为人民有权利相信真理,他一直懂得亲自拥有这种真理。天主教的真理在宣传之外也许容忍。拜恩通甚至认为,如果加尔文写了什么有利于宗教宽容的论著,那么它很可能是印刷者的错误。

[21] 皮埃尔—约瑟夫·蒲鲁东:《十一月二日军事政变证明的社会革命》(巴黎,1852年),第46—47页。

第五篇　文艺复兴时期的商人

现代商人过着坐地经营的生活。店主坐在柜台后面,等待顾客,接收生产商派人送货上门。从事国际商业贸易的商人不再旅行。只有他的订单遍及全球。毕竟他是在一个抽象的世界里经营商业、金融、投机(这是一个我们很少考虑其原始意义——抽象研究——的词)。无论大小,16世纪的商人或文艺复兴和宗教改革时期的商人的情况则完全不同。

一

16世纪没有正式的邮政服务。邮件由马夫传递,他一路上不断更换马匹,但是这种邮差只为君主传送急件。普通公民的邮件由步行的邮差投送,很少由骑马的邮差送达。城市常常雇佣专门信使处理它与世界各地的联系。在许多地方,领主有权要求雇佣他的农奴步行送信的人支付少量酬金。即使正式邮驿制度建立后,起初运行得也不好,而且后来也没有多少改善。此外,邮路只有几条。① 那些不住在邮路边的人只得亲自去取送邮件,有时即使

---

① 关于法国邮政服务的早期历史,参见尤金·瓦勒:《法国邮政全史》第二卷(巴黎,1949年)。最初邮政服务仅限于政府事务,但是这显然没有很好地实行,16世纪这个禁令被废除了。大学和城市在一些地方建立了相对频繁的信使服务。例如,巴黎大学每周提供到鲁恩的邮政服务。王室邮政服务早期,邮路是不固定的;它们跟随宫廷行动,传递事件。邮差大约每20英里更换马匹,这意味着必须确保为国王送快信的人有新马匹骑乘。这改善了其他信使服务和一般旅行的条件。

第五篇　文艺复兴时期的商人

到最近的邮驿,也相当远。这意味着漫长的时间和耐心的等待。②16世纪末,从里昂到布鲁塞尔,骑马的邮差即使途中不停顿,取道弗朗什—孔泰、洛林、卢森堡,以最快的速度也需要20天。紧急情况下,安特卫普一名商人雇佣昂贵的邮差送信到里昂,需要将近40天。③至于低地国家与里昂之间直到1577年才有这样的邮路,它是奥地利的东·约翰下令开通的,途经卢森堡、多尔、隆勒索涅。④从此,寻求新的大市场的商人授权各地的分支机构经理根据实际情况自行决定。商人可以选择亲自旅行或交付邮差送信。

这带来多大的困难啊!没有铺砌石块的邮路逐渐陷入不堪使用状态。只有极少数情况下,古代罗马的大道仍然可以利用,它们是用坚实的条石铺砌,至今仍然看见,凯撒的利维斯(Levees)、布伦内豪特(Brunehaut)的乔斯(Chaussee)、谢曼斯·德斯·达姆斯(Chemins des Dames)。⑤但是在黏土或沼泽地带,邮路在细雨时节就变成了泥沼,泥水淹没到马匹的胸部,马车很快陷入湿泥,深及车轴。人们被迫驾车穿越田野,因而经常增加被轧烂的道路面积,

---

② 16世纪最后25年,里昂与马德里之间每周都有邮政服务,前往马德里的邮差在到来的邮差前2天就出发,以致所有的回信都被推迟12天。
③ 尽管条件如此,商业仍然依靠邮件,正如商业档案馆中的大量邮件所表明的那样。1579年,南特的许多商业公司收到了来自法国、西班牙、葡萄牙、尼德兰、德国和意大利的大约2620封邮件。见亨利·拉普耶尔:《商业家族,路易兹》(巴黎,1955年),第159页。
④ 虽然邮路的修筑可能意味着旅行条件的改善,但是它也产生了其他后果。当所有的道路对旅行者都比较安全时,旅行者(常常是商人)常常根据旅伴、天黑前能找到一间小旅馆、一路上有关于商业的传闻等机会来选择旅行路线。因此许多城市共用交通,这种交通现在由邮路通向唯一的城市。关于替代的旅行路线,见布罗代尔《地中海》(伦敦,1972年),I,第217页;埃米尔·库纳特《法国和经过安维斯的国际商业》(巴黎,1961年),II,第181页,208页。
⑤ 这些都是法国各地对罗马大道的称呼。纪尧姆·帕拉丁《里昂史》(里昂,1573年;重印于若内,1973年),第89页,解释说,奥斯特拉西亚国王西格伯特的妻子布伦内豪特(534—613年)曾经下令大量修复罗马大道,垫高、铺平道路,以便能够并排通行2辆马车。见欧文·布劳干《罗马高卢》(伦敦,1953年),第28—37页。有关罗马大道的图片见汉斯·希泽尔《大道》(慕尼黑,1971年),第139页。

使田地变成泥坑。那时,邮路上的桥梁很少,有许多摆渡的船只;有时只能涉水,但是能通行的木质或石头桥梁很少——收取通行费——如果洪水没有冲垮它们的话。⑥ 总而言之,一切都是不可靠的。一个骑马的邮差是容易遭到袭击的目标,特别是如果他携带了大量现金,或者——经商的常用方法——带一个仆人乘坐载货的马车或骡车。当东·约翰开通从布鲁塞尔到里昂这条在欧洲商业中发挥重要作用的邮路时,多尔的邮驿站长让·特维内负责监督修建弗朗什—孔泰地区的邮路。他步行考察了计划修建的路段,命令农民修护供送快信用的道路和桥梁。最大的土坑用树枝和枕木填平。最后,他下令他们"移开木头",这几个字在社会历史上占有完整的篇章。

旅行者,特别是陌生人,在这些邮路上是根本不安全的。雇佣的向导——通常在旅馆里——指给他森林茂密或山峦起伏的道路,有时劫匪就隐藏在这些路上。对于单独经过或没有任何翻越山顶经验的行人,旅馆老板会毫不犹豫地予以扣留并收取赎金。退役的士兵、拦路抢劫者横行乡村。过往商人不仅可以被抢劫所有随身携带的财物,而且可以被拘押勒索赎金,劫匪借机大发横财。⑦

商人所从事的各项活动都是艰难的、冒风险的,甚至有生命危险。独自旅行是一项重要的工作,但是旅行者必须随身携带大量现金,而且是硬通货!来自各地的金币、铜币在商人的钱袋里咔嗒作响。在这些情况下,即使货币数额不大,它们的重量和体积也不小。我最近看到了一份1585年的账单。其中提到,为了支付用2匹马在弗朗什—孔泰地区运送720法郎货币行走十多英里,账单

---

⑥ 查尔斯·埃斯泰恩在1553年的旅行者指南《法国道路指南》,让·波纳若特编(巴黎,1936年)多次称羊肠小道为"地狱的街道"。在这本指南中,徒步涉水是经常提到的过河方法,并且经常注明这是无奈的危险之举。费弗尔在《菲里普二世与弗朗什—孔泰》(巴黎,1912年、1970年)第八章第三节讨论过这些问题。

⑦ 旅途中的罗波利在第一篇论文中已经提到过,经常成为插图的主题。见汉斯·希泽尔:《大道》,附录第182页(分享战利品)、197页、199页(森林中的打劫),200页。

第五篇　文艺复兴时期的商人

的主人支付了 10 法郎运输费。这是由于战乱和需要 2 匹马运输——"一匹马承受不了一名邮差和 720 法郎货币的重量"。对我们来说,一匹马不能承载一名邮差和 720 法郎货币、马鞍的说法似乎不可思议,但是如果金额超过 1500 法郎,那么,至少需要一辆一匹马拉的马车,当然还要全副武装的随从人员。这份账单还表明,邮差要求 55 法郎——很高的价格——作为一匹马拉的马车运载 2200 法郎行走大约 35 英里,以及 3 名武装押运人员的工资:1 名公证人、1 名教士及其随身侍从。⑧ 而且这么短的路程也需要 3 天时间。用这种方法运输的货币有时被谨慎地藏在木桶里,上面覆盖其他货物。这种隐藏方法不能一直保护货币,正如 1583 年,来自洛林的米尔库(Mirecourt)一个商人的助手的不幸遭遇就清楚地说明了这个问题。他被主人派去日内瓦收缴 1800 法郎债务。收完之后,他把钱藏在一个装栗子的木桶里,心想这样装载现金在路上不会引人注意。但他错了,因为木桶口在路上打开了,露出了珍贵的货物。⑨ 一般来说,硬币藏在小皮箱里运输,小皮箱放在骑马者身后的马鞍下。但是硬币数量多时,它们就必须用有篷马车运送。⑩ 如果西班牙国王菲里普二世派人运送 25 万法郎取道萨伏依和弗朗什—孔泰运至低地国家,那么他至少要下令一队士兵护送,以确保如此贵重财物的安全。

但是,商人不得不旅行。当时所有商务活动都在少数城市里进行,那些城市的中心广场每隔几年就举办一次集市。任何想买卖

---

⑧ 在费弗尔的例子中,短期和短途运输的开支为 2.5%。这既不过高,也不异常。马丁·沃尔夫《法国文艺复兴时期的财政制度》(纽黑文,1972 年),第 112 页,提到一笔 12.5 万佛尔的货币的运输费为 6750 里佛尔,占总数的 5.4%。

⑨ 使用牛皮箱也许是另一种更安全的隐藏货币方法。布罗代尔《地中海》,I,第 478 页,认为,仅 16 世纪 60 年代,价值高达 40 万杜卡特金币的货币以这种方法被走私运输。携带货币的箱子图片可参见汉斯·希泽尔《大道》,附录,第 173 页。

⑩ 法兰西斯一世的儿子们被留在马德里代替父王作人质(见,第一篇论文的注释 20),后来以 400 万里佛尔赎金赎回。第一笔赎金(约占总数一半)需要 32 辆骆车运输。见布罗代尔《地中海》,I,第 484—485 页。

商品的人都必须到那里去。16世纪法国最著名的集市是里昂。集市作为金融中心的突出作用是它有时能解决异地债务问题,但这会使我们忘记了它们的商业重要性。来自各地的货物都供出售。[11] 集市上的人来自欧洲各地,德国人、弗莱芒人、西班牙人、意大利人,特别是来自佛罗伦萨、威尼斯、热那亚、卢卡等城市的意大利人。为了证明这个事实,我们只需打开尼古拉·德·尼科莱的《里昂概况》,[12]或者最好从邻近地区的档案馆里取出一些收支账目查看即可。

例如,在杜省(Doubs)的档案部里,我们发现为奥兰治王子的夏龙家族最后一位统治者的母亲、卢森堡的菲里伯特采购商品的详细记录。(不久她的儿子菲里伯特就在罗马陷落时阵亡,他当时指挥神圣罗马帝国的军队守卫罗马。)[13]每次集市举办,大公夫人就派一名仆人带一个大篷车队前往里昂。这名心腹仆人骑马,走在骡子拉的篷车队前面,每头牲口有一个牵引者。他们从隆勒索涅(Lons-le-Saunier)抄近道到里昂。有时他们沿着类似湖泊的泥泞路,通过布雷塞(Bresse),每天只能行走一里格(15英里)。没有什么记录比在集市上采购的商品名单更珍贵:香料、糖杏、蔗糖、1小桶甜葡萄酒、1袋杏仁、1袋大米、1袋马赛产的无花果、葡萄干,还有为四旬斋准备的腌鱼——金枪鱼、海豚、鳕鱼、鲲鱼、藏红花、3令(纸张计算单位)优质纸、6磅巴黎产的亚麻、几束丝、优质苏格兰细线、热那亚的蕾丝花边、带子、波纹绸、荷兰的布匹、桌布、羊毛线、剪刀、针、饰针、镜子、5海德西班牙山羊皮、1海德红皮革、猎狗项圈、猎鹰的手套、网球等等。所有这些货物都必须从外国商人手中

---

[11] 马克·布雷萨德《15、16世纪的里昂集市》(巴黎,1914年)。埃米尔·库纳特《法国和经过安维斯的国际商业》(巴黎,1961年),II,第140页,注释1,说这些集市每年举办4次,吸引5000—6000外国商人。这种集市的繁忙可以从1658年法莱附近更小的桂布雷集市的印刷业看出来:汉斯·希泽尔《大道》,附录,第229页。

[12] 里昂历史地理学会出版,1882年。

[13] 见乌里塞·罗伯特《夏龙的菲里普,奥兰治亲王,那不勒斯总督》(巴黎,1902年)。

第五篇　文艺复兴时期的商人

购买：从奥兰治或阿维尼翁的杂货商手中购买南方产品，从弗莱芒商人手中购买鱼，从德国或西班牙商人手中购买其他货物。当时开设商铺的困难和复杂性难以言喻，尽管今天很轻易就能解决。大公夫人采购单中的纺织品成百上千种，从事商业的正常条件既不安全，也不朴实，更非合理的速度。

　　商业的必然和正常后果有两个：一个是道德因素，另一个是经济因素。一方面，文艺复兴时期的商人没有也不可能具有温和的性格或坐地经营的兴趣，或也没有小商人只限于店铺的狭隘传统。商人是旅行家，周游各地，像尤利西斯一样，商人见识过许多人的习俗，对所到之处都不持多少偏见，入乡随俗，随遇而安。他之所以喜欢这种生活，正是因为它的风俗和变幻莫测，它的遭遇和反差。今天盛宴，明天贫穷和危险。商人的道德和文化类型很快便被明确地写进了当时的文学作品。我们在19世纪初的小说《故事百篇》(*Cent Nouvelles Nouvelles*)中见过这种商人。一名善良而富有的伦敦商人，他有强壮的体魄和勇敢的精神，受"周游世界和了解各地每天发生的许多事情的强烈欲望的驱使，他带足盘缠和'许多货物'出发。旅行五年后，他回到家乡。但是不久，漫游的生活又在召唤他。他梦想在基督徒或撒拉森人统治的陌生国家的冒险生涯，因此十年后他妻子才再次见到他。但他在家没呆多久，因为经过两次这种漫游后，他仍然'不能满足旅行的胃口'，不久他又出发了……"

　　从我们刚刚描述的情况看，专业化的商业贸易显然是不可能的。在开阔的路上旅行，必要的旅行，商人贱买贵卖，谋取利润，除此之外，没有其他规则和选择。如果他有志于商业冒险，那么航海贸易可以满足他的需要。即使他谨慎从事，没有特别的野心，他也不能只买卖一种货物。无论他的目标大小，根据他的欲望和能力，他也不得不到市场，这是今天众所周知的常识。

　　垄断和囤积以迫使市场就范，这是16世纪背景下反复出现的观念。它们是被商人逼迫就范的买主和消费者经常关心和强烈抱怨的事情。它们也是商人孜孜以求、通过耍手腕而取得的重大胜

Life in Renaissance France
法国文艺复兴时期的生活

利。不仅商业巨头，如力图垄断里昂香料贸易的杜·佩拉特；图卢兹的罗奎特，他在1502年垄断了罗斯林和加泰罗尼亚地区的绸缎贸易；再如皮货商孔特，通过与那不勒斯的进口商达成"协议"，控制了从黎凡特来的毛皮交易……还有成千上万的中小商人，他们比富商更勇敢，他们走村串户，收购谷物、葡萄酒、黄油、奶酪、牲畜毛皮、腊等。他们出没于各地乡村，带着马车，装载着利用威胁、欺骗或引诱等手段从农民手中获得的产品。他们常常有一群听从命令的顾客，能够制造货物短缺的假象，以便哄抬物价。或者用其他手段，商人通过控制一定区域内农民所有产品的出口而谋取厚利。如1570年左右，一些纽伦堡商人把里昂周围地区的毛线和呢绒采购一空，然后运到大市场批发出售。禁止这种行为的法令不起作用，这些法令禁止欺诈和垄断，但是在16世纪的效果并不比今天更好。此外，在一个生产不足和商品流通不畅的时代，垄断几乎是不可避免的。无论如何，它是不可避免的，从人性和物质角度看，人们几乎都会这么说。

我们开始对商人有了更清晰的认识。他是脸色红润，性格活泼的人。从以上分析可以看出，商人是一个战士。至少从词源学意义上说，商人是冒险家。经过19世纪年复一年的笑话和漫画后，对我们来说，店主和杂货商似乎是所有商人中最温和的资产阶级。事实恰恰相反，16世纪的商人需要行事果断，表现特殊的体力和道德力量、勇敢刚毅的品格。他不得不这样，否则他就会被职业要求所击垮。从另一个角度看，商人千方百计追逐利润，没有太多的道德顾忌，为了让人觉得诚实，他只得遵守职业操守，尊敬其他商人，特别是在清算债务时。最后，商人不是专家。他不是坐地经营或被动的中介人，他必须寻找货源，自行创造商业条件。首先，他是一个投机家，由于他从囤积居奇中成功地获得利润，所以他是投机商人。由于他的商业活动似乎永无真正的满足，所以他投机，除了商业外，他还进行高利贷活动。操纵市场者、钱币兑换者、高利贷者，这是当时商人的三重角色，虽然今天的商人仅仅从一个地方买到另一个地方卖。

第五篇 文艺复兴时期的商人

二

为了更好地理解,16世纪的金融投机必须被看成当时常见的商人控制供货、垄断市场意图的延伸。当时铸造钱币的方法也走进了这幅画面。⑭

今天,我们用先进的机器就能轻易地铸造硬币,而且铸币与法律规定的模型丝毫不差。它们以规定的直径从铸币厂中发行出来,重量或金属成色很少发生变化。此外,每枚硬币两面都有一条

16世纪法国的印刷工场

---

⑭ 详细情况可见 E. 勒瓦瑟尔有参考价值的著作《法兰西斯一世时期货币论文集》(巴黎,1902年)。也可参见弗兰克·C. 斯普勒《法国的国际经济和货币流通,1493—1725年》(马萨诸塞州,剑桥,1972年)。

压印的花边和圆形造型,硬币的边缘带刻字或其他识别记号。即使最不细心的人也会对任何使这些记号模糊的企图一目了然。

但是15世纪末和16世纪初,硬币仍然是锤打出来的。这种原始的方法不能产生很大的压力,所以货币必须使用延展性非常好的合金来铸造。如果合金中的红铜含量过多,那么货币铸造者就会抱怨他们无法对这种太硬的合金进行加工。在1521年9月11日颁布的敕令中,神圣罗马帝国皇帝查理五世断言,他已经限定了14克拉金卡罗鲁斯(Carolus)的金属含量比例,它由7.5克拉白银、2.5克拉红铜构成。⑮ 货币制造商不能加工金属,所以把红铜的含金量减为2克拉是必要的。此外,由于铁锤在非常柔软的金属上不均匀地锤打,银行也不同,所以尽管铸币工人非常努力,但是最终成型的硬币面积和重量还是千差万别。

毋庸赘言,这些差异不能逃脱商人、金匠、金叶匠、精密加工匠、钱币兑换商、银行家和其他商人老练的眼睛。他们把硬币分类,让最轻的硬币流通,留下最重的硬币,供刮削或用酸性液体溶解其贵金属,获得的黄金被熔铸成金锭,返销到铸币厂或国外。⑯ 这种方法获得的利润很可观,因此普遍被商人使用。各个国家和各地都抱怨法语中称为"钱币商人"的行为,德国称他们为"玩跷跷板的人"("Kippers")或"捡烟头的人"("Wippers")——这是对所有

---

⑮ 《低地国家法令汇编》,第2系列,1506—1700年,C. 劳伦特、J. 拉·米尔编(布鲁塞尔,1898年),Ⅱ,第103—104页。

⑯ 这些钱币的形状和大小的明显不均匀的插图可参见勒瓦瑟尔《法兰西斯一世时期货币论文集》和斯普勒《法国的国际经济和货币流通,1493—1725年》。勒瓦瑟尔能够鉴定16世纪铸造的金苏德重量,当法律规定这种货币的最小重量为3.398克时。从一个地址发掘出来的42枚钱币平均重量为3.36克。从另一个地址发掘出来的18枚钱币的平均重量为3.34克。商人已经把这些钱币刮削得很好。

对于生活在支票和信用卡经济中的现代美国人来说,货币是一个抽象的概念。16世纪,贵金属的重量是固定的。除了刻印了国王图像的钱币外,法国还有其他多种货币流通:外国的、国内的和各省的货币。商业银行家最重要的工具是称量黄金的天平。

第五篇　文艺复兴时期的商人

不慎重考虑因铸造伪币而被活活烫死在沸水,或至少处以罚金和监禁的恶棍的称呼。没有人认真考虑过经济学家提出的防止手段或博丹的建议。博丹认为,货币必须像古代希腊人、罗马人、希伯来人、波斯人和埃及人那样铸造,他们的方法操作更简便,成本更低廉,而且铸造的硬币成色更真实。⑰ 这些都是空洞的建议。人们在多少个世纪里与硬币打交道,当黄金稀少时,就会引发严重的货币危机。那就是为什么每次危机之后每个国家都会立即损失优质硬币的原因。一个顽固坚持由优质合金铸造硬币政策的国家会发现,货币将很快流出本国。一群投机商来到一个国家,他们会用钱袋里装满的劣质合金硬币换取当地的优质硬币,他们获得的利润是巨大的。

德国大银行家雅各布·福格尔

⑰　让·博丹:《国家论》。

我们应该记住,当时每个国家都有自己的货币政策。自13世纪中期以来,欧洲各国都有双本位论者。但是并非每个国家都执行同样的金银比价。在拉丁基督教国家,金银比价长期固定为1:15.5。⑱ 到16世纪,各国的金银比价开始出现差异,即使同一个国家,金银比价也随着时间而变化。货币属于君主,它是他的世袭财产的一部分、私有财富的一部分。他有权任意固定铸币数量(Taille):决定取出作为基本单位(马克)的贵金属用于铸造硬币的数量。他有权确定合金的含量,它可以是纯的(24克拉为纯金,24喱为纯银),也可以是不纯净的合金。最后,君主有权决定他的铸币的法定价值。

这种程序在今天没有意义,账目上的钱与实际的货币是一致的:我们以法郎计算,法郎是真正流通且有价值的货币。16世纪,里佛尔只是货币计算单位,而不是真正流通的货币。当时法国有一整套货币,有些是黄金的,有些是白银的,它们的形状、重量、成色、面值各不相同。在发行这些货币时,君主指定了它们的面值,用里佛尔、苏和第纳尔表示——这就是计算用的货币单位。但是这个价值并不在硬币本身标志出来。它由法令和君主的意志决定。另一个法令或君主的另一个决定可能改变它的价值。实际上,这种变化经常发生。16世纪法国的货币历史就是货币变化记录、货币持续贬值的历史。例如,君主的一个决定导致24克拉黄金价值3里佛尔,但它实际上只含22克拉,但仍然价值3里佛尔。这种经常使用的方法显然很快被贵金属和硬币窖藏者、商人所掌握。土地贵族因此而遭受损失,因为他们的地租或其他支付都是以货币面值计算。此外,君主经常和武断的干预货币导致金银比价变化,从一个国家到另一个国家,但都对投机家有利。黄金总是流向价值最高的地方,白银也是如此。商人在金银价值较低的地区囤积这些贵金属,出口到金银价值较高的地区。同样值得提及的是,在此期间,白银是财富的真正标志,是基本的贵金属。今天的法语仍

---

⑱ "拉丁同盟"是1865年到第一次世界大战法国、比利时、意大利和瑞士实行的货币协定,它规定同盟各国的金银比价(1:15.5)。

第五篇　文艺复兴时期的商人

然反映了这一点。一个富有的人被称为有"白银",而不是黄金。[19]黄金是商人的贵金属、商业的贵金属、出口的贵金属、金融业的贵金属,因此也是投机的贵金属。黄金的这种地位是由其内在品质决定的:黄金的体积不大,但价值大,因此它比白银更适合用于大额支付手段和出口贸易。黄金也便于掩藏、携带通过盘查严密的边界……

16世纪,法国比邻国更重视黄金而不是白银。根据索特比尔(Soetbeer)的说法,1501—1520年,欧洲金银比价为1:10.75,1521—1540年为1:11.25。在法国,1519年金银比价为1:11.76,1542年为1:11.82。[20]换句话说,在这些年里,同样数量的黄金可以在法国比在意大利或西班牙购买到更多的白银。或者用另一种方法来计算,一定数量的白银在法国比在意大利或西班牙买到的黄金更少。结果是黄金源源不断地流入法国。但是如果引导这种黄金流向的人不获得可观的利润,那么这种流动是不会发生的。这就是16世纪意大利、西班牙、葡萄牙、英国、德国都抱怨黄金正在流出本国的原因,由于法国的金银比价更高,所以各国的黄金都流向法国。[21]

除此以外,还应该加上一条:富有而生产性的法国是一个出口大国。和平时期,人们来到法国可以买到其他国家不能买到的商品。当时的人,包括博丹,都对此有评论。在《论马勒斯多克特先生论货币的反常言论》中,博丹向我们表明,西班牙人"由于不可避

---

[19] 纪尧姆·皮特是法国的大法官,为了响应爱国公民捐纳白银铸造货币的号召,交纳302磅白银(约相当于现代3400个大汤匙)。

[20] 阿道夫·索特比尔:《自美洲发现以来的贵金属生产与金银比价估算》(哥达,1879年),第120—127页;有关法国的金银比率,见第125页。索特比尔注意到,商人的账目对以货币形式收到的贵金属与其他形式如碎银的贵金属没有进行区别。还可参见埃尔·J.汉密尔顿《美洲财富与西班牙的价格革命》(马萨诸塞州,剑桥,1934年),第71页。

[21] 像其他国家一样,法国也尽力吸引和保持贵金属在国内。16世纪下半期,国王颁布法令规定,带入法国里昂集市的1/3贵金属必须留在法国。拉普耶尔《一个商人家族》,第445页。斯普勒《法国的国际经济和货币流通,1493—1725年》,第117页,认为,到大约1560年,法国金银平衡被打破了,白银比黄金更受欢迎。还可参见布罗代尔《地中海》,Ⅰ,第472—474页。

免的原因"从法国进口小麦、布匹、纺织品、染料、纸张、书籍、木材、"和其他手工业品"而刮光了黄金桶。这就是西班牙人"到天涯海角寻求黄金和香料"以便能够从法国进口它需要的商品的原因。同样,英格兰人、苏格兰人和"挪威人、瑞典人、丹麦人和波罗的海沿岸各国的人都深挖矿井,以找到贵金属,购买我们的葡萄酒、藏红花、李子、染料。特别是食盐,那是上帝赐予我们轻松获得的商品"[22]。

这些有趣的话从多方面解释了许多重大历史问题。虽然当时西班牙能够以庞大的帝国联军在战场上击败法国,但是在商业方面,西班牙是法国的怜悯对象。西班牙为了购买那些不能生产的商品,必须支付硬通货。西班牙更愿意用黄金支付,不仅因为黄金更便于支付大额交易,而且因为与法国相反,西班牙竭力维持白银的高价格,这种贵金属在伊比利亚半岛储藏丰富。如果波托西矿全部开采,那么白银就会变成真正的西班牙贵金属。[23] 这就是查理五世一直不太愿意提高金银货币比价的原因,尽管他意识到提高金银比价能防止西班牙贵金属外流。

此外,黄金流出对卡斯提尔的危害性不如对意大利那么严重,因为西班牙从新大陆不仅可以获得白银,而且还可以获得了墨西哥和秘鲁的黄金。据拉维舍尔(Levasseur)计算,直到1545年,即波托西银矿被发现的那一年,西班牙从美洲殖民地获得的黄金与白银一样多。[24] 但是1537年,查理五世被迫减少西班牙铸币中的

---

[22] 亨利·豪泽尔编《答让·博丹先生的〈论劣质货币〉》,(巴黎1932年;1568年版本的重印本),第13页。

[23] 见H.龙查"西班牙杜卡特和全埃居的起源和价值",见《比利时·皇家学院公报》,1906年。"秘鲁"(现代玻利维亚)的波托西银矿开采大量特别纯的白银。

[24] 勒瓦瑟尔:《法兰西斯一世时期货币论文集》,第CLXXII页。汉密尔顿《美洲财富与西班牙的价格革命》第40页都认为,从新大陆输入欧洲的贵金属的金银比例为:1503—1520年,100％:0％;1521—1530年,97％:3％;1531—1540年,12.5％:87.5％;1541—1560年,15％:85％。虽然波托西银矿于1545年发现,但是有关波托西白银铸造的货币出现于欧洲的时间,至今仍然在此疑问。布罗代尔:《地中海》,I,第476页,认为16世纪70年代之前,真正的高纯度波托西白银没有出现于欧洲。

第五篇　文艺复兴时期的商人

黄金含量,正如以前威尼斯、热那亚和佛罗伦萨由于种种原因而被迫把优质杜卡特和佛罗琳变成"埃居-苏"一样。西班牙铸造22克拉的卡斯提尔"埃居"。这个措施阻止了投机行为,但并未减缓西班牙黄金大量外流,因为西班牙在商业贸易中一般处于入超地位,还因为天主教国王们把自己的国家拖进了毁灭性的战争。

　　正如我们已经看到的,16世纪的艺术家想画"商人",他们有充分的理由这么做,正如收藏在卢浮宫的"昆廷·梅特斯"(Quentin Metsys)在令人愉悦的小画中所表现的那样,商人称量黄金时表情严肃而专注,这是银行家特有的表情。他的妻子站在身旁,头戴漂亮的黑帽子,手捧一本带有树叶精美插图的黄历,但是斜眼瞟着她丈夫正在仔细称量的金币。称量黄金是文艺复兴时期商人的一种受圣礼约束的行为。不仅昆廷·梅特斯及其竞争者和继承者如此,而且马里纳斯(Marinus)在由梅利先生(Monsieur de Mely)精心鉴别的画作中也描绘了这种熟悉的场景。㉕ 我们还在康内利·德·莱昂(Corneille de Lyon)的画作(也是由梅利先生鉴别的)中看到这种场景。人们在乔斯特·阿曼(Jost Aman)的大型商业雕塑画廊中看到,会计的桌子和出纳的柜台旁边,还在显眼的位置摆着一张巨大的货币兑换桌子,两名记账员正在桌上仔细地清点装满钱币的口袋,其中有些钱袋还放在天平盘里。正是这些称量黄金的天平成为16世纪商业活动的真正标志。

三

　　如果钱袋里拥有黄金和白银,那么商人用它们来干什么呢?他

㉕ 费尔南德·德·梅利"原始签名:银行家和昆腾·马特斯的妇女",收录于《M.埃米尔·皮科特纪念论文集》(巴黎,1913年),Ⅱ,第505—514页。费弗尔描写的画作被复制于这篇文章中,第508页。也可参见立奥·冯·普伊维尔德"昆廷·梅斯特的商人与马里纳斯·瓦·雷美瓦勒的税务官画像,《比利时建筑与艺术史评论》,第26卷(1957年)"。约斯特·阿曼的雕刻部分地复制在埃米尔·库纳特《法国和经过安维斯的国际商业》,Ⅱ,附录4,第136页。

会仅仅用于扩大商业活动或个人的商业规模吗？根本不是。在我们已经描述过的条件下,商业活动不可能是经常而连续的,它必定是断断续续的。每种商业行为,每笔大买卖必须被看作长期而精心准备的活动,需要果断、勇敢、坚持不懈地进行。但是一旦买卖做成了,又开始准备新的买卖,这可能是完全不同的买卖,也许卷入其他商品的买卖。无论如何,它都将在与第一次不同的条件下进行。在这些不同商业活动的间隙,商人有一个平静的休息期。那么在这些商业活动中断期间,钱币会静静地躺在商人的钱袋里吗？这样将与货币的性质不相符合,因为钱币必须"工作"。所以商人就把钱币借出去,但借给谁呢？如何借出呢？

首先,我们必须撇开一系列特殊过程：我是指由默默无闻的合伙人投入的资本。商人能够而且经常借钱给其他商人。这种例子不胜枚举。有些例子可以在非常有趣的书中找到。如 P. 马松（P. Masson）研究了珊瑚公司,它在 16 世纪成立于马赛,在阿尔及利亚和突尼斯沿岸从事珊瑚捕捞。[26] 埃瑟斯（Isere）的档案出乎意料幸运地保存了其部分账目。但是我更喜欢考察更典型和更有特点的例子。一些简短实用的 16 世纪商业账本流传至今。翻阅它们一般是非常有启发的。其中最有趣和广为流传的是《复式簿记法简介》,它的作者是阿维尼翁人皮埃尔·德·萨翁,以多种版本印行。这里我只参考第 4 版,它被修改了几处,并增添了 6 章,1608 年由让·都尔奈在里昂印刷。皮埃尔·德·萨翁列举了如下例子：3 家商号合并组成公司 3 年了,库瓦特（Couvat）兄弟、他们在马赛的合伙人里昂的高丁（Gaudin）,以及里昂的雷诺德。这个例子完全是虚构的,但是你必须明白,它不是不可能发生的,作者对逼真的事务感兴趣。当一个问题出现时,它不超出可能性的范围才有意义,特别是在一门如记账这么要求精确的科学中。因此,我们假设了签订协议的三方：库瓦特兄弟分别入股 25000 苏,高丁入股 12000 苏,雷诺德入股 10000 苏,部分现金,部分货物。这个股份公司以

---

[26]《珊瑚公司》（巴黎,1908 年）。

第五篇　文艺复兴时期的商人

47000苏的资本组成。㉗但是谁是库瓦特兄弟呢？坦白地说，他们是放债人、富有商人，他们是商业冒险中默默无闻的合伙人，他们既不负责任也不直接控制。换句话说，他们把钱借给其他商人，以便钱能"工作"。考察皮埃尔·德·萨翁想象的合作结果是有趣的。股份公司的原始资本是47000苏，其中三分之二是货币，公司经营了3年。当它解散时，皮埃尔·高丁的盈余是21371苏（他的投资是12000苏，其中部分是货物）。雷诺德投资10000苏（其中部分是货物），最后分到18364苏。库瓦特兄弟投资25000苏，收回39456苏。在这个杜撰但逼真的例子中，47000苏总投资3年的总利润是21592苏。这是相当令人肃然起敬的利润，年利润率约15.5%。它再次说明这个例子是假设的，但在现实中不是不可能的。㉘

商人在其他商人的商业活动中并不局限于扮演沉默的合伙人角色。在更多的情况下，他借钱给他们。

小城镇或城市的商人经常接收现金短缺的乡村人口的存货。他们想要什么呢？少量的钱解他们的燃眉之急，购买粮食、家禽或饲料。在商人看来，他们发现了想买的东西和购买这些东西的金钱来源。但是价格如何呢？

商人并不真正借钱出去。基督教会禁止放债取利。这条禁令虽然只有理论价值，但在某种意义上还是受到尊重。㉙这个困难常常通过所谓"租赁法令"来克服。如果一个农民需要100法郎购买饲料，他答应每年给商人一定数量的小麦、燕麦、稞麦、葡萄酒或奶

㉗ "太阳金币"得名于它边缘附近的一个小太阳图案，是这个时期的基本金币。它的直径大约1英寸，当货币以硬币的形式而不是以账目的形式提及时，它经常被提到。插图见斯普勒《法国的国际经济和货币流通，1493—1725年》，附图3，第152页；勒瓦瑟尔《法兰西斯一世时期货币论文集》，第 xii 页。

㉘ （我不能发现这里的算术错误。）当与福格尔的财富相比时，这个假设的例子似乎非常合理，诚然例外，1511—1527年福格尔年均利润为54.5%。理查德·埃伦伯格《文艺复兴时期的资本和金融》，H. M. 卢卡斯英译（纽约），第85页。

㉙ 关于教会关于高利贷的立场对放债牟利的人的影响可参见约翰·T. 努南《经院哲学对高利贷的分析》（马萨诸塞州，剑桥，1957年）。

酪，以换取他所需要的现金。显然，商人的计算是他得到的农产品价值不低于他借出的现钱的价值。当然，这种交易有漏洞。如果商人与农民达成交易那年的小麦像期望那样丰收的话，那么小麦价值很小，价格也会很低，商人就难以获得很多利润，如果他有储备的粮食，那么他就不需出售小麦，而把它也储备起来，等待时机，一年或二年，直到农业歉收，粮食价格上涨时再出售，可以卖个好价钱。当时商人很少借钱出去，除非打折扣。借款100法郎的农民实际上只拿到80法郎。最后，商人出售任何可出售的商品。农民用借来的钱干什么呢？购买饲料？商人将：(1)以折扣形式借给他一定数量现钱，这完全符合《租赁法令》；(2)作为借款的必要条件，强迫他购买商人的饲料，当然，商人将以双倍的价格出售饲料。这只是一个大概情况。但是这种情况可以追溯到成千上万的文献之中。我们的法庭档案和各省议会的档案都充斥了这方面的文献。只要打开16世纪中期犯罪行为登记表，人们就会发现，这些行为在反高利贷的诉讼中反复出现。所以反对这条禁令的法律运动一直未停止，当穷人的声音被镇压下去时，那些曾经遭到剥削的人、被剥夺的人又大声疾呼，未来的力量将重新激起他们实施反高利贷法令。他们将取得与今天的人一样的成功，我让你决定，他们是否为那些想继续从事高利贷的人设置了一个严重的障碍。

  商人不仅借钱给农民。农民显然无力还击。他容易因受到威胁而保持沉默。他被人们忽视，一旦走出村庄，他就没有防范能力，他是理想的债务人。但是商人可能也借钱给一时窘迫的资产阶级，或借给遭受不测之灾的贵族，特别是遭受贵族特有的灾难：如交纳赎金、置换武器装备、购买战马、修缮庄园房屋等。最后，商人还可能借钱给城市，这是所有借款中风险最低的，一个供养孩子的男人可能会使用商人的钱。虽然这些都不能带来借钱给农民那样的利润，但是它们仍然为商人赢得了不低的利率。16世纪中期，这种借款的利率从来不低于8%，这是最低的利率。12.5%、13.3%，甚至16.6%都是正常的、常见的且完全合法的。此外，他们还留下了可观的利润空间，而且一般是低风险借款。

第五篇　文艺复兴时期的商人

最后，再上一层楼，商人不可能借款给贫穷的乡下人（这是没有吸引力的交易，但是如果借给暂时处于困境中的乡下人，那么这无疑是最有利可图的交易），也不借给完全破产的顾客，如处于困境中的资产阶级贵族或者短期借贷的城市，但是商人相当乐于借款给君主、王侯和国家。这是有吸引力和敏感的交易，风险高，利润也高。他们开始与高级官员和国王的宠臣打交道，在宫廷产生影响，获得丰厚的回报，学会王公贵族的生活方式。但他们有时会以被处绞刑而终。

为了理解这点，我们首先必须理解16世纪政府如何制定财政计划。今天，国家用最公开的方式取得它需要的金钱，通过出售国债给大型金融企业和富人，因为他们不想这部分资本长期被套住，或者向公众借款。借款是可以无限地分割的。国家的债主是大众，他们是公民和外国人，大资本家和小储户，个人和集体。他们对借款给国家或它的代表是有信心的。国家财富本身似乎是附属的，在正常状态下，国家的债务人不再过问更多的事情。但16世纪，事情并非这样。

首先，从财政角度看，国家并不存在，只有君主存在。㉚ 他是一个个体，像其他人一样，有时是一个贤明的管理者，有时是浪费钱财者，有时诚实正直，有时狡诈欺骗。无论如何，只有作为人，他才能请求借款。1530年，不是法国而是国王法兰西斯一世借款，他多少能够鼓起放债者的信心。当1530年法国需要金钱时，从财政上说，是法兰西斯一世不得不像他的国库小绅士想买一匹战马儿缺钱时一样，寻找放债人。他不得不找到放债人。为了贷款的条件，他不得不与放债人进行长时间谈判。他不得不答应尽快偿还借款。他不得不经常以全部或特定收入作为贷款抵押，或者把借款单抵押在某个愿意为他担保的人那里。国王敲开千家万户的大门，向所有人的钱包乞求。他们还没有建立能够满足需要的财政

㉚ 马丁·沃尔夫在《法国文艺复兴时期的财政制度》中讨论了国家财政的概念和国王的期望，特别是第一章，"中世纪和文艺复兴时期的财政"。

机构。即使有这种财政机构，它们也不能一直帮助他，因为这将使它们缺少足够的保证金。

国王财政的状况究竟如何呢？人们对此没有精确地了解，即使国王本人也不了解。他借款了吗？向谁借的？借了多少？借款条件是什么？这些情况都不知道，所以，如果国王一直向同一个地方或银行借款，那么他将借不到。贵族、教士、官员和商人的资本都是可以接受的。16世纪欧洲的两三个商业中心能够进行这种借款活动。在法国，这种金融中心是里昂，法兰西斯一世经常在那里借贷。在神圣罗马帝国，安特卫普是皇帝查理五世经常借款的金融中心，或者直接借，或者通过代表低地国家的中间人借。他们向谁借呢？正如事实所证明的，向法国、意大利或德国的商人借。借款协议不容易达成，当时缺乏容易让人对借款人有信心的环境。

利息率通常很高。借款一直是短期的，期限一般为两次集市的间隔时间，或者至多一年，但这种情况非常罕见。利率一般为季度3%，两次集市间隔期、一年期为12%。当下个集市举行即贷款到期时，国王一般无力偿还，还款日期又推至下次集市，当然这种延期不是没有代价的。此外，银行家一般增加2%—4%的利息作为成本和风险补偿。通常银行家不借款，而是充当中介人，他们从其他商人或富人那里借款，然后转借给国王。这种交易是值得的，例如，如果他们设法确定借款利率为10%，贷款利率为12%，再加上2%—4%的延期利率，那么到还款时，他们从货币贬值中还可以获得更高的利润，因为他们一般按照现有利润而不是官方利率收还贷款。当各种因素都被考虑后，名义上的12%利率就至少变成了16%，有时18%，幸运时还能达到20%。在六七年里，如果国王不能偿还本金，那么欠款总额连本带利将达到2倍。

毫不奇怪，16世纪的国家最终屈服于这种还贷的压力。同样毫不奇怪，对国王和皇帝来说，宣布财政破产是经常的诱惑。放债人得知这种情况后，只好放弃追缴债务。即使最有保障的借款，"在国王承诺"基础上最庄严的借款活动也是危险的。国王会突然在某一天宣布，偿还利息会使他犯下大罪，为了安抚他的良心，他

第五篇 文艺复兴时期的商人

不仅拒绝支付利息,甚至要求放债人把已收取的还款如数退回。这种情况不是想象。1545年,法兰西斯一世的债权人要求国王写信给他们,信中声明,"礼物"——国王支付给各种债权人的附加利息——将被当作正常的义务,商人们不必为过去或将来的借款如期偿还而担心。此外,当国王生病或者年迈时,他的债权人害怕他立刻去世。如果国王去世了,那么他对债权人的还款承诺会兑现吗?他的继位人会承认这些债务吗?新国王会不会宣布全部或部分废除这些债务呢?㉛ 1546年,当法兰西斯一世需要金钱时,他的借款条件是:王太子共同为偿还债务负责,债权人相当明确地表示,他们担心被骗。

如果有人想知道债权人如何坦率地对这些债务人所说的话或所立的债据,即使债务人是法兰西斯一世,那么他只需在众多的文献中阅读维亚尔先生(Monsieur Vial)发表在《里昂历史评论》的一封有趣信件。1522年4月26日,法兰西斯一世向里昂的"德意志善人"约翰·克利伯格借款17187苏,以盐税收入分4次偿还。当第一次还款期限来临时,法兰西斯一世分文未付。受人尊敬的纽约堡人克利伯格已经变成了伯尔尼的入籍公民,这更有利于他在里昂从事商业活动。㉜(当时还没有寻找什么遁词。)克利伯格立即

㉛ 到1559年去世时,亨利二世所欠债务为3600万—4400万里佛尔之间。拉普耶尔《一个商人家族》,第440页。比债务规模更令人晕眩的是不确定性的程度——大约800万里佛尔是值得怀疑的。在这种情况下,国王宣布财政破产就不足为怪了——例如,法国在1557年,西班牙在1575年,而且不是最后一次。

㉜ 《里昂历史评论》,9(1912年)第81—102页。克利伯格(1486—1546年)的事例是有教育意义的。他因仁慈的捐献而赢得"善良的德国人"的绰号,这种捐献在他生前都不为人知。1531年,他第一次捐献500里佛尔(一笔巨款)在饥荒时节为穷人提供面包。到他去世时,他已经捐献了将近500里佛尔用于慈善,而且他在遗嘱中还捐献4000里佛尔。他通过商业贸易和放债牟利而赚取这些善款。克里伯格是经常借款给法兰西斯一世的里昂的瑞士和德国银行家之一:1518年12500里佛尔;1522年17000里佛尔;1545年13000里佛尔。这些借款的利息为每个集市4%(即年利息16%),这是被允许外国人获得的最高利息率(法国人的利息率更低)。克里伯格是德国人,但是皇帝的臣民经常在法国得到不公正待遇,因为法国经常与皇帝交战。他虽然变成了法国国籍,但是他并未因此而丧失在里昂集市上经商的外国商人的优遇,他后来还变成伯尔尼的公民。

提请伯尔尼市政委员会的支持。1527年7月6日,伯尔尼市政委员会答应了它的"养子"的要求,给法兰西斯一世写了一封信。它应该被全文阅读,但我在这里只能引用最关键的段落。

> 我们吃惊地发现,你对履行诺言如此不在意,考虑对您的名誉不利,兑现你用信件和玉玺给与的承诺,由此您的王权威严可以保住。如果这件事传扬到外国、法国的诸侯和帝国城市,这将给您带来巨大的损失,我们对此深表遗憾。

这是一封措词严厉的信,一点也不婉转。在埃伦伯格论述16世纪福格尔银行的经典著作中,我们能发现一封类似的信件,它是奥格斯堡大银行家雅各布·福格尔写给皇帝查理五世的。㉝

尽管有风险,但是与国王做交易对商人仍然有很大的诱惑,其中肯定有利可图,在当时,这种诱惑经常很难抵御。作为一个外国人,克利伯格可以向尊敬的伯尼尔市政委员会求助,而且没有遭到拒绝。但是法国人则没有这种求助的希望。他们被迫深陷其中,有时甚至不能自拔。这是当时法国大商人经常发生的悲剧故事,如果要举一个典型例子,那就是森布兰卡(Semblancay)的故事。

雅克·德·伯内,历史上以其在森布兰卡的地产著称,是都尔商人让·德·伯内的儿子。㉞ 1454年,让·德·伯内成为安格勒梅(Angoulême)家族的粮食供应商。十年后,他成为法国最大的商人之一。他的特长是布料买卖,但他也买卖其他商品。例如,我们发现他积极参与路易十一的重大商业事务。当路易十一在1464年建造4艘战船圣马丁号、圣尼古拉斯号、圣路易号和圣玛丽号时,雅克·科

㉝ 埃伦伯格《资本与金融》,第80页。雅各布·福格尔写信给皇帝说:"众所周知,如果没有我的帮助,陛下是不可能取得皇位的。"

㉞ 有关这些问题,参见阿尔弗雷德·斯本特:《森布兰卡(?—1537年):16世纪早期的资产阶级银行家》(巴黎,1895年),尽管该书有点单薄,但仍然是值得尊敬的。沃尔夫:《法国文艺复兴时期的财政制度》在"森布兰卡传奇"中包含了许多这种信息。

尔随着这4艘战船出发到地中海。让·德·伯内与蒙特彼埃的杰弗雷·勒·塞维里尔、里昂的J.德·康布雷、巴黎的尼古拉斯·阿诺尔、布鲁日的让·普拉普等人一起为此提供必要的资金。

当时让·德·伯内是负责接收并出售从黎凡特运回来的商品的商人之一。1470年,他为路易十一从阿尔卑斯山以南引进到里昂,后来到图卢兹的意大利丝织工人提供生丝。后来,让·德·伯内与他的女婿让·布里康内一起,奉国王之命运送价值25000苏香料、镶边的布匹、丝绸到英国,企图重新直接占领英国市场,以使法国摆脱经过布鲁日而与英国进行贸易的被动局面。

从商业和政治利益考虑的贸易很快就掺入了财政因素。国王命令让·德·伯内参加没收枢机主教巴鲁和菲里浦·德·康迈恩

16世纪的大使

的商品的活动。㉟1473年,让借款30000里佛尔给国王进行从阿拉贡夺回佩皮里昂(Perpignan)的战争,其中一半由他女婿布里康内提供。㊱他被任命为王太子查理(未来的查理八世)宫殿的财务官。利润、财富和荣誉自然接踵而至。当1471年10月国王设立都尔市长一职时,让·德·伯内成为都尔的首任市长。他与金钱密切结合起来了。他在都尔拥有住宅、马厩和花园。在都奈拥有价值近23000里佛尔的包租土地、葡萄园、房屋和其他财产。让·德·伯内是一幅画的草图、草稿和底色;他的儿子雅克·德·森布兰卡才是最后的画面。

首先,雅克也是布商,但是我们刚才已经看到,让·德·伯内如何扩大这种职业的含义。让有3个儿子,一个做了教士,而另外两个纪尧姆和雅克都是布商。让生育了6个女儿,6个女婿或是布商,或者是银行家。雅克步其父亲的后尘,成为布商,娶让娜·鲁泽为妻,这是门当户对的婚姻,金钱与金钱的结合。鲁泽斯家族与伯内家族、布里康内家族、贝特洛家族一起,都是图卢兹富有的资产阶级商人的精英。这些家族通过联姻而编织的复杂关系表明,他们的小圈子、大商业和金融业家族休戚与共。

雅克从推销员开始做起。他销售宽幅呢绒、丝绸、亚麻给王公贵族,是奥尔良公爵、安格勒梅公爵和特里莫里公爵的布商。通过与布里康内家族联合,1490年10月—1492年1月,他出售了价值41127里佛尔的布匹给查理八世。与此同时,像他父亲一样,雅克也投身金融业,通过借款,他的资本产生利息。

1492年标志着雅克一个新时代的开端。他被任命布列塔尼公

㉟ 红衣主教巴鲁在路易十一时期从非常卑微的地位上升到财政大臣。在法国与勃艮第谈判的过程中,国王委任他携带了大量金钱,其中大部分落入了他个人的腰包。当这些东窗事发时,他被剥夺了所有世俗职务,1489年被投入路易十一的铁笼子中。1484年,路易十一去世。路易十一的史学家和顾问康迈恩因为加入错误的派系而失宠了。

㊱ 罗斯林省会佩皮里昂在路易十一时期是法国的领土。阿拉贡国王对法国控制该省发出了挑战,但是他最终以该省作为抵押向法国借款。

第五篇　文艺复兴时期的商人

爵夫人安妮的财务总管。1491年,安妮成为法国王后。1492年9月,雅克还被任命为公爵夫人的宫廷总管。雅克·伯内不再是一名普通官僚。他是国王任命的王室官员之一。为此,他的俸禄分别为:财务总管24000里佛尔,公爵夫人宫廷总管2000里佛尔。他管理国王每年拨给公爵夫人的正常款项100000里佛尔,为此雅克每年能增加收入20000、40000甚至50000里佛尔。当时这些收入不是全部以现金支付,它们是征收指定收入的权利,即雅克·德·伯内假定能够得到的俸禄,从理论上说,他希望得到。此外,安妮·德·布列塔尼挥金如土,她的奢靡给财务总管带来了大量的工作。1492年1月—9月,她花费277750里佛尔,1492年10月—1493年9月,她花费201199里佛尔。这些开支都从正常年财政预算100000里佛尔中支出。她花钱购买艺术品、奢侈品、不断的旅行以及她的宫廷开支:大量运载包裹和乘客的马车、一群贵妇和小姐、一支卫队、引座员、帮助过河的船工、马夫、安排行宫住宿的人等等。这些人员和服务工作的管理者是雅克·德·伯内。当旅行盘缠用尽时,正是雅克为王后预付资金,正是他为王后赎回那不勒斯战争期间典当在里昂的珠宝。㊲ 正是他为宫廷女仆提供嫁妆,虽然这是王后答应的,但她没有钱。正是他在1495—1496年借给女主人20000里佛尔。他是一个行政管理者,而不是一个官僚,但更是一个商人和公民,当机会降临时,他可以放债获利。

　　1496年,另一个障碍也被打破了。雅克·德·伯内被任命为四大财政总管之一,即国王的人头税、协助金、盐税收入的四大总管之一。㊳ 四大总管可以批准这些税款的使用。这是他们的重要

㊲ 查理八世作为安茹家族的后裔,声称对包括那不勒斯在内的旧安吉温王国的领土拥有主权。1494—1495年的那不勒斯战争导致法国对该省短暂的控制。
㊳ 人头税(Taille)是对普通人拥有的财产征收的一种普遍性税收。贵族和一些拥有特权的城市的资产阶级被免除。它的税率每年不同,各地也不同,取决于各省成功地更改国王最初要求的税量。协助金是一种消费税。同样,它的税率也因各地条件而不同。对肉食和酒的征收的税是为了穷人的税收负担——小于一定价值的交易免税,但是贵族食用的野味、肉食和香料免税。Gabblle是(转下页)

Life in Renaissance France
法国文艺复兴时期的生活

性、权力和地位的源泉。他们既不是大臣,也不是国王的高级官员,更不是普通绅士。商人仍然是普通人,尽管他们被封为贵族,并且从他们的等级获得自己的姓氏。但是他们因为担任国王的大臣和高级官吏而拥有更大的权力。这些人听从四大总管的调遣,因为大臣和官员们都需要他们确保年金和职务任命尽快落实。没有四大总管的合作,什么事也做不成。领主、城市、法庭都需要他们支付工资,诗人、廷臣需要接受他们的赠与。他们被人奉承,各方人士用礼物、馈赠向他们示好。这些权力既是荣誉也是利润。

国王财政总管森布兰卡同时也是从事投机和放债的公民。最明显的是,他成立一家私人银行,国王的签署的赏赐信件都在这里协商。这些信件是写给国内各地征税员的。[39] 为了避免路途遥远和复杂程序,国王支付信件的接收者一般要求国王的四大财政总管预付现金。为了换取一定的比例,他们把从征税员那里收取税款的任务留给财政总管。[40] 森布兰卡在国王财政吃紧时也提供贷款。他把自己的钱借给国王,有时数额巨大。例如1503年,路易十二正到处进行战争:在那不勒斯,在佩皮里昂,在巴扬内

(接上页)一种食盐税,在运输或销售过程中征税。直到16世纪末,食盐税占国王总收入的4%—10%;然后它突然增长为占国王总收入的25%。关于食盐税的征收方法,见J. 卢梭·马约《文艺复兴时期法国的代议机构,1421—1559年》(威斯康星州,麦迪逊,1960年)。还可参见沃尔夫《法国文艺复兴时期的财政制度》,附录G,"人头税的征收",第317—329页;附录I,"食盐税",第330—342页。有关财政制度的更多的论述见沃尔夫《法国文艺复兴时期的财政制度》,第68页。

[39] 负责管控盐库(the grenier)事务及征收盐税(the gabelle)的官员是盐务官(the grenetier)。

[40] 我们在16世纪初的一本日记中看到这种制度在发挥作用。"国王许诺(亨利·德斯特恩)1000克朗购买他的书《法语的优越性》。国库长欺骗了他,只付给他600克朗。德斯特恩拒绝接受,并答应如果国库长把其余的款付给他,那么他将送给国库长50克朗……他从这里跑开了并力图征收……最后不得不归还给同一个人,但是如果这个人能够帮他追回余款,他将支付400克朗……但是另一个人嘲笑他……结果是他失去了一切。"皮埃尔·德·勒斯托利:《纳瓦尔的亨利时期的巴黎》,南茜·洛尔克编辑并翻译(马萨诸塞州,剑桥,1958年),第112页(1585年7月)。

第五篇　文艺复兴时期的商人

(Bayonne)，在卡拉布里亚和加泰罗尼亚。国王的财政状况处于最低谷。王后借出5000里佛尔，雅克·德·伯内借出23000里佛尔，雅克的岳父纪尧姆·布里康内，内穆尔公爵以及马雷夏尔·德·盖伊分别借出20000里佛尔。你不必担心雅克·德·伯内正处于亏本的危险中，他有一千种手段让这些借款归还100次。他利用这些借款又多又好，以致他将来富有了……多年的积怨爆发，国王把他投入监狱，在以玩忽职守罪而被处以绞刑之前，他被迫吐露一些他的钱财藏匿之地。森布兰卡什么也没做，他只是按照规则玩游戏而已。

帕维亚之战(1525年)

　　森布兰卡的例子是典型的。它是社会大环境的特点。在最底层，小商人在集市上出售商品，他们放债，从那些比他穷的人身上谋利。在顶层，宫廷商人变成国王的行政或财政总管，卷入政治和外交的最高交易中，周旋于国王和王后的小圈子里。他们都是同一座金字塔的组成部分。

　　由于当时的金融事务与商业交易连在一起，所以商人的职业具有更远大的前景。这种开端会带来巨额的财富，就像巴黎和都尔的庞彻、布里康内、伯内家族，里昂的杜佩拉特家族，安格的潘斯家族，罗德兹的博纳尔德和维古鲁家族，图卢兹的罗奎特和阿塞扎家族,他们都过着奢侈的帝王般的生活。他们不仅仅赚取了大量金钱,它们也大把地花费金钱。他们都在艺术史上留名,因为他们用家具、织物、珠宝、艺术品等装饰豪宅,富比王侯。他们之下是许多中小商人,商业资本约 80000—100000 里佛尔,每年获利 5000—10000 里佛尔,相当于一个伯爵领地或富庶的主教和修道院的收入。从理论上说,这些商人与各省最富有的乡绅一样富有,但实际上,他们更富有,因为他们不被相应的义务所妨碍。

  新贵族在崛起,他们是暴发户,不被旧贵族所承认,遭到他们的嫉妒和憎恨,但是新贵族准备融入旧贵族中。资本的贵族和贵金属的贵族都是黄金的情妇。在一个越来越受黄金饥渴影响的世界里,在一个经济和财政问题越来越走到前台的世界里,在一定程度上,黄金也是欧洲命运的情妇。

索 引

(页码为原书页码,即本书边码;罗马字母为章节编号)

Agnadello 阿基纳德罗 26,Ⅱ注释 4
Aides 协助金 118,Ⅴ注释 38
Alberti, Leon Battista 莱昂·巴蒂斯塔·阿尔贝蒂 65,Ⅲ注释 24,Ⅲ注释 27
Aldus Manutius 马努蒂马斯·阿尔杜斯 Ⅱ注释 16
Aleander, Jerome 杰罗姆·亚历山大 Ⅱ注释 16
Aligret, Simon 西蒙·阿里格瑞特 83,Ⅳ注释 12
Amadis of Gaul 高卢女性 30
Ambassadors 大使 18
Angoulême, house of 安格勒梅家族 115,117
Anne of Brittany 布列塔尼的安妮 117,118
Antonello da Messina 安托内罗·达·美西纳 46,Ⅲ注释 3
Antwerp 安特卫普 92,112
Aquinas, Thomas, Saint 圣托马斯·阿奎那 78
Architecture 建筑 6—7,44,65,67
Argan, Giulio Carlo 鸠里奥·阿尔冈 Ⅲ注释 8
Aristophanes 阿里斯托芬 37
Arles; Archbishop of 阿尔勒大主教 15,Ⅰ注释 17
Arnoul, J. J.阿诺尔 116
Arpin, Marcel 马塞尔·阿尔潘 Ⅰ注释 15
Arras 阿拉斯 48

111

Artistic styles. See also Painting　艺术风格，参见绘画　45,46,
　　47—49,52—53,62—63
Artois,　阿托瓦　48,Ⅰ注释 20
Assezat family　阿塞扎家族　120
Avignon. See also Painting　阿维尼翁,参见绘画　14,96,107

Bacchus, followers of　酒神巴库斯的追随者　33—34
Baerze, Jacques de　雅克·德·巴尔泽　52
Bainton, Rolands.　罗兰德·拜恩通　Ⅱ注释 19,Ⅳ注释 17、
　　18、20
Baldovinetti, Alesso　阿雷索·巴多维内提　63
Balue, Jean de, Cardinal　约翰·德·巴鲁　枢机主教　116,Ⅴ注
　　释 35
Basle　巴塞尔　33,85,Ⅱ注释 20,Ⅱ注释 29
Bayard, Pierre du Terrail, lord of　皮埃尔·杜·特拉尔·拜亚德
　　勋爵　26,Ⅱ注释 5
Beaune, Jean de, see Semblançay　雅克·德·伯内,参见桑布朗特
Béjaune　雏鸟　33—34
Belgium　比利时　Ⅰ注释 13,Ⅴ注释 18
Belleforest, François de　弗朗索瓦·德·贝尔法斯特　4,Ⅰ注释 4
Bellini, Giovanni　乔万尼·贝利尼　Ⅲ注释 3,Ⅲ注释 19
Belon, Pierre　皮埃尔·贝隆　Ⅱ注释 28
Belnnassar, B.　B.本纳萨　Ⅰ注释 16
Bern; council of　伯尔尼市政委员会　Ⅴ注释 32；114,115
Bernard, J.　J.伯纳德　Ⅰ注释 31
Berry, Duke of, see Jean de Berry　伯利公爵,见让·德·伯利
Berthelier, Phillibert　菲利贝尔·贝斯利尔　88,Ⅳ注释 17
Berthelot family　贝特洛家族　117
Beza, Theodore de　西奥多·德·贝扎　89,Ⅳ注释 19
Bézard, Yvonne　伊翁内·贝扎德　Ⅱ注释 6,Ⅳ注释 11

索 引

Bible　圣经　34,89
Blois　布洛瓦　7,8
Blunt, Anthony　安东尼·布伦特　Ⅲ注释21、23
Bodin, Jean　让·博丹　101,104,Ⅴ注释17
Böhmer, Heinrich　海因里希·波美尔　Ⅳ注释1
Boissy, Mme. de　德·布瓦西太太　16
Bolgar, R. R.　R. R.博尔格　Ⅱ注释16
Bonald family　博纳尔德家族　120
Bonnerot, Jean　让·波纳若　Ⅴ注释6
Bonnivet, Guillaume Gouffier de　纪尧姆·高菲尔·德·邦尼维　16,Ⅰ注释23
Book-learning　书本知识　11,24,28,29,30—31,34—37,78
Book of Hours　历书　29,50,105,Ⅱ注释4、9
Bossuet, Jacques Bénigne　雅克·贝尼格·波舒埃　89
Botticelli, Sandro　桑德罗·波提切利　63
Bouchot, H.　H.布肖特　Ⅰ注释22
Bourges　布尔日　14,52,83,Ⅳ注释12
Boutrouche, Robert　罗伯特·博特鲁塞　Ⅰ注释31
Bouts, Dirk　德尔克·鲍图斯　61
Brantôme, Pierre de Bourdeilles, lord of　皮埃尔·德·布尔德雷斯·布兰托梅庄园主　17,Ⅰ注释25
Braudel, Fernand　费迪南多·布罗代尔　Ⅱ注释7、27,Ⅴ注释4、9、10、21、24
Braun, Georg　乔治·布劳恩　4,Ⅰ注释4
Briconnet, Guillaume　纪尧姆·布里康内　116,117,120
Brittany　布列塔尼　19,Ⅰ注释12
Brongan, Olwen　欧文·布劳干　Ⅴ注释5
Brother Lardoon　拉顿兄弟　8
Bruges　布鲁日　48,63,116
Brussels　布鲁塞尔　92,93

113

Bruyn, Barthelemy 巴瑟勒密·布鲁斯 49
Budé, Guillaume 纪尧姆·布特 Ⅱ注释 16
Bühler, Curt F. 科特·F.布勒 Ⅱ注释 10
Burguire, André 安德烈·博基尔 Ⅰ注释 28
Burgundy 勃艮第 18,48,49,Ⅲ注释 4,Ⅴ注释 35
Burke, Peter 彼得·伯克 Ⅰ注释 1、13,Ⅱ注释 1
Busson, Henri 亨利·布松 Ⅱ注释 26

Calvin, Jean 让·加尔文 34,85,88,89,Ⅳ注释 17,Ⅳ注释 19、20
Cambrai, Jacques de 雅克·德·康布雷 116
Cambrai, treat of 康布雷条约 48,Ⅰ注释 20
Castagno, Andrea del 安德烈亚·德尔·卡斯塔格诺 61,63
Castellion, Sebastion 塞巴斯蒂安·卡斯特利昂 34,Ⅱ注释 19,Ⅳ注释 18
Catalonia; See also Painting 加泰罗尼亚；参见绘画 98,120
Cato 加图 30,Ⅱ注释 11
Cavalli, Mario 马里奥·卡维利 Ⅰ注释 27
Cellini, Benvenuto 本尼凡托·切利尼 6—7,44,Ⅰ注释 7,Ⅲ注释 1
Cent Nouvelles Nouvelles 《故事百篇》 97
Charles Ⅴ Emperor 皇帝查理五世 64,84,100,105,112,115,Ⅴ注释 32、33
Charles Ⅴ King of France 法国国王查理五世 55,Ⅲ注释 4
Charles Ⅵ King of France 法国国王查理六世 55
Charles Ⅶ King of France 法国国王查理七世 55,Ⅳ注释 12
Charles Ⅷ King of France 法国国王查理八世 4,11,44,46,56,68,116,Ⅱ注释 4、5,Ⅴ注释 37
Charles Ⅸ King of France 法国国王查理九世 68
Charles the Bold, Duke of Burgundy 勃艮第公爵"大胆"查理 47,

索 引

  48，Ⅲ注释5
Chateaubriand, Maduame de　德·夏多布里昂（夫人）　16，Ⅰ注
    释24
Chateaux　宫殿　6—8，44，67；Blois　布洛瓦　7—8；Bonnivet
    博尼维特　8，65；Chambord　尚堡　7，12；Louvre　卢浮
    宫　12，45
Chiarelli, Renzo　雷恩佐·希热利　Ⅲ注释7
Cicero, Marcus Tullius　马库斯·图利乌斯·西塞罗　37，40
Cleberger, John　约翰·克利伯格　114，115，Ⅴ注释32
Cleve, Joos van　鸠斯·范·克勒夫　49
Clouet, Jean　约翰·克罗特　68，Ⅰ注释22，Ⅲ注释31
Coeur, Jacques　雅克·科尔　83，116，Ⅳ注释12
Coin　铸币、硬币　99—102，106，Ⅴ注释9，19，27
Collêge：de Montaigu　蒙塔尤学院　36，Ⅱ注释21，
    de Navarre　纳瓦尔学院　36，
    de Presles　普雷斯勒斯学院　36
    de Toulouse　图卢兹学院　37
Colombe, Michel　米歇尔·克伦伯　82
Commines, Philippe de　菲里普·德·康迈恩　116，153页注
    释35
Conte, the fur trader　皮货商孔特　98
Coornaert, Emile　埃米尔·库纳特　Ⅴ注释4、11、25
Copernicus, Nicolas　尼古拉斯·哥白尼　41
Copleston, Frederick　弗里德里克·克普勒斯通　Ⅳ注释7
Copin family　柯平家族　83
Cordelier, Jacques of Clairvaux　克莱尔沃的雅克·科德里尔　75
Corneille de Lyon（also called Corneille de la Haye）　康内利·德·
    莱昂（也称作康内利·德·拉·哈耶）　68，106
Cosimo dei Medici, Grand Duck of Tuscany　托斯坎尼大公科西
    莫·德·美第奇，6

115

Cox, peter　彼得·科克斯　Ⅰ注释28

Craeybeckx, J.,　J.克莱贝克斯　Ⅰ注释13

Davis, Natalie Zenon　纳塔莉·泽农·戴维斯　Ⅱ注释12

Delaunay, Paul　保罗·德劳耐　Ⅱ注释28

Deloche, M.　M.德罗西　Ⅰ注释21

Demosthenes　德谟斯梯尼　37

Des Mares, Pierre　皮埃尔·德·马勒斯　49

De Thou, Jacques-Auguste　雅克-奥古斯托·德·托　Ⅰ注释8

Diane de Poitiers　狄安娜·德·普瓦杰　17

Dijon第戎　49,52

Dimier, Louis　路易斯·迪美尔　68,Ⅰ注释22、26,Ⅲ注释29、31

Dole　多尔　92,93

Dombresson　东伯松　85,86

Donatus　多纳图斯　30,34,Ⅱ注释11

Doucet, Roger　罗杰尔·杜塞特　Ⅰ注释21

Doyon, Georges　乔治·朵扬　Ⅰ注释10

Dresden　德累斯登　33,63

Du Fail, Noël　诺尔·杜·费尔　Ⅰ注释12

Du Peyrat family　杜佩拉特家族　98,120

Du Pinet, Antoine　安托涅·朱·皮内特　4,Ⅰ注释4

Du Plessis, François　弗朗索瓦·杜·普勒西斯　Ⅰ注释21

Dürer, Albrecht　阿尔布莱希·丢勒　64—65,Ⅲ注释19、22

Duval, Jobbé　亚伯·杜瓦尔　Ⅱ注释25

Dvorak, Max　马克斯·德沃拉克　Ⅲ注释11

Edgerton, Samuel Y.　塞缪尔·Y.艾德加通　Ⅲ注释27

Ehrenberg, Richard　理查德·埃伦伯格　115,Ⅴ注释28、33

Epistémon　埃皮斯特蒙　8,32

116

索 引

Erasmun, Desidenus 德西迪里危斯·伊拉斯谟 22,32,35,36,
  49,Ⅰ注释 33,Ⅱ注释 16、20
Estienne, Charles 查尔斯·埃斯泰恩 Ⅴ注释 6
Estienne, Heri d' 亨利·德斯特恩 Ⅴ注释 40
Euripides 欧里彼得斯 37
Europe 欧洲 101,103,112,Ⅰ注释 4、14、18,Ⅱ注释 4,Ⅳ注释
  12、14,Ⅴ注释 24
Eyck, Jan van 让·凡·艾克 46,63,Ⅲ注释 3、20

Facio, Bartolomeo 巴托罗缪·法乔 46
Farel, Guillaume 纪尧姆·法雷尔 85—86
Febvre, Lucien 吕西安·费弗尔 Ⅰ注释 3、6、28,Ⅱ9、10,Ⅳ注
  释 1、10、20,Ⅴ注释 6、8
Ferguson, Wallace K. 华莱士·K.弗格森 Ⅱ注释 1
Flanders 弗兰德尔 46,47,64,66,69,Ⅰ注释 20
Flandrin, Jean-Louis, 让-路易·弗兰德林 Ⅰ注释 11、12
Florence 佛罗伦萨 6—7,8,23,50,56,57,61,95,105,Ⅰ注释 7
Foix, Gaston de, Duck of Nemours 内穆尔公爵高斯通·德·弗
  瓦克斯 26,Ⅰ注释 24,Ⅱ注释 4、5
Fontainebleau 枫丹白露 12,14,67,Ⅲ注释 29
Food 食物 9—10,18,25,96,Ⅰ注释 13—18
Fornovo 福而诺沃 26,44,Ⅱ注释 4
Fouquet, Jean 让·弗格依特 58,Ⅲ注释 15
Fradet family 弗拉德家族 83
France 法国 4,6,7,19,26,29,31,44,45,46,47—48,54,56,
  64,66,67,69,72,82,95,101,102,103,104,105,111,112,
  117,Ⅰ注释 8、20,Ⅱ注释 20、25,Ⅲ注释 2、24,Ⅳ注释 8、10,
  Ⅴ注释 3、16、18、21、31、32、35
Francesca, Piero della 皮埃罗·德拉·弗兰西斯科 Ⅲ注释 27
Franche-Comté 弗朗什—孔泰地区 48,75,92,93,94,95

François Ⅰ King of France 法国国王法兰西斯一世 12—19,44,67,82,111—114,Ⅰ注释19—21、23,Ⅱ注释4、5、20,Ⅴ注释32。

Frère Jean 让·富利尔家族 84,Ⅳ注释13

Fugger family 福格尔家族 84,115

Fugger, Jacob 雅各布·福格尔 115,Ⅳ注释14,Ⅴ注释28、33

Gabelle 盐税 118,Ⅴ注释38、39

Gaddi, Taddeo 托蒂·伽迪 50

Gadol, Joan 朱安·伽道尔 Ⅲ注释24、27

Gallon, Guillaume 纪尧姆·加龙 85

Gargantua 高康大 30,32,42,43,Ⅳ注释16

Gay, J. J.盖伊 Ⅰ注释16

Geneva 日内瓦 85,94,Ⅲ注释28,Ⅳ注释17

Genoa 热那亚 26,95,96,105

Germany 德国 24,47,64,66,70,87,101,104,115,Ⅰ注释8,Ⅴ注释3

Gerson, Jean 让·吉尔松 Ⅳ注释4

Ghent(city) 根特（城） 48,63

Ghent, Joos van 乔斯·冯·根特 62,63

Ghirlandaio, Domenico Bigordi 多梅尼科·比戈尔迪·吉兰达奥 56,58,61,63,Ⅲ注释16

Gilles, Henri 亨利·基勒斯 Ⅳ注释7

Giotto di Bondone 乔托·迪·拜多纳 56,60

Giustiniano, Mariano 马里亚诺·鸠斯提尼亚诺 18

Glass, David Victor 大卫·维克多·格拉斯 Ⅰ注释28

Goes, Hugo van der 雨果·冯·德尔·戈斯 57—59

Goldschmidt, Ernest 埃尔斯特·高德施米特 Ⅱ注释10

Golubovitch, Girolamo 吉罗拉莫·高卢波维奇 Ⅱ注释30

Goubert, Pierre 皮埃尔·郭伯特 Ⅰ注释28

118

索　引

Gyé, Pierre de Rohan, Maréchal de　马雷夏尔·德·盖伊　120

Hamilon, Earl J.　埃尔·J.汉密尔顿　Ⅴ注释20、24
Haskins, Charles Homer　查尔斯·赫默·哈斯金斯　Ⅱ注释1
Hauser Henri　亨利·豪泽尔　Ⅴ注释22
Hautecoeur, Louis　路易斯·豪特科尔　Ⅲ注释30
Hémardinquer, Jean-Jacques　让-雅克·赫马丁克尔　Ⅰ注释16
Hernri, M.　M.亨利　Ⅰ注释29
Henry, Louis　路易斯·亨利　Ⅰ注释28
Heulhard, Arthur　亚瑟·休哈德　Ⅲ注释25
Heydenreich, Ludwig H.　路德维柯·H.海登利希　Ⅲ注释17
Hieronymus, George　乔治·希隆姆斯　Ⅱ注释16
Hirsch, Rudolph　鲁道夫·希尔茨　Ⅱ注释10
Hizer, Hans　汉斯·希泽尔　Ⅴ注释5、7、9、11
Hogenberg, Franz　弗兰茨·霍根伯格　4，Ⅰ注释4
Holland　荷兰　49，96，Ⅰ注释16
Hollanda, Francisco da　弗兰西斯科·达·贺兰达　62
Holt, Elizabeth G.　伊丽莎白·G.霍尔特　Ⅲ注释19、27
Homer　荷马　35
Horace(Quintus Horatius Flaccus)　贺拉斯(昆图斯·贺拉斯·弗拉库斯)　37，47
Hubrecht, Robert　罗伯特·胡布雷希特　Ⅰ注释10
Huget, Edmond　埃德蒙·胡格特　Ⅲ注释26
Huizinga, Jan　扬·赫津加　Ⅱ注释13
Hyma, Albert　阿尔伯特·希玛　Ⅱ注释14、21，Ⅳ注释8

Imbart de la Tour, Pierre　皮埃尔·伊姆巴特·德·拉·图尔　Ⅱ注释7
Italy　意大利　24，26，29，44，46，56，58，64，65—66，67，69，103，105，Ⅰ注释7、8、20、24，Ⅱ注释3、4，Ⅳ注释14，Ⅴ注释3、18

Janin, Pierre　皮埃尔·嘉宁　Ⅳ注释 14
Janotus de Bragmardo　贾诺图斯·德·布拉马多　86,Ⅳ注释 16
Jean, Duke of Berry　伯利公爵让　47,50,51,Ⅲ注释 4,Ⅳ注释 12
John of Austria　奥地利的约翰　92,93

Kempis, Thomasà　托马斯·肯皮斯　Ⅱ注释 14

Lapeyre, Henri　亨利·拉普耶尔　Ⅴ注释 3、21、31
Lascaris, Jean　让·拉斯卡利斯　Ⅱ注释 16
Lassaigne, Jacques　雅克·拉塞尼　Ⅲ注释 8
Latin Union　拉丁同盟　101,Ⅴ注释 18
La Tremoille, Louis　Louis Ⅱ de, Viscount of Thouars, Prince of Talmont　拉·特里莫里的路易二世,绍尔斯子爵,塔尔蒙特亲王　26,117,Ⅱ注释 4、5
Laurent, Charles　C. 劳伦特　Ⅴ注释 15
Lautrec, Odet de foix, lord of　劳特里克勋爵,奥德特·德·弗瓦克斯　16,Ⅰ注释 24
Le Bras, Gabriel　加百列·勒·布拉斯　Ⅳ注释 3
Lecler, Josephe　约瑟夫·勒克莱尔　Ⅳ注释 18
Le Cyvrier, Geoffroy　杰弗雷·勒·塞维里尔　116
Lefebvre d'Etaples, Jacques　雅克·勒费弗尔·德塔普　82,Ⅳ注释 8
Le Goff, Jacques　雅克·勒高夫　Ⅰ注释 28
Lemaire de Belges, Jean　让·勒麦尔·德·贝戈斯　Ⅳ注释 26
Lent　四旬斋　10,72,73,96,Ⅰ注释 17、29
Leo Ⅹ, Pope　教皇立奥十世　84
Leonardo da Vinci　李奥纳多·达·芬奇　41,44,61,66,82,Ⅲ注释 1、27
Leroy family　拉罗伊家族　83

索 引

Lescun, Thomas de Foix, lord of　莱斯坎勋爵 托马斯·德·富瓦　16

Lesparre, André de Doix, lord of　莱斯帕尔勋爵 安德烈·德·杜瓦　16

L'Estoile, Pierre de　皮埃尔·德·勒斯托利　Ⅴ注释40

L'Estrange, Madame de　勒克特朗格夫人　16

Levant　黎凡特　41,98

Levasseur, E.　E.勒瓦瑟尔　Ⅴ注释14、16、24、27

Lewis, P. S.　P. S.刘易斯　Ⅱ注释6

Lippi, Fra Filippo　弗拉·菲里波·利皮　63

Littré, Emile　艾米莉·李特　1

Lochner, Stephan　斯蒂芬·罗切尔　49,Ⅲ注释7

Longchay, H.　H.龙查　Ⅴ注释23

Longin, Emile　艾米莉·隆金　Ⅳ注释5

Lons-le-Saulnier　隆勒索涅　92,95

L'Orme, Philibert de　菲里伯特·德·洛美　65,Ⅲ注释23

Lorraine　洛林　19,48,92,94

Louis Ⅺ, King of France　法国国王路易十一　26,46,55,58,68,115,116,Ⅱ注释6,Ⅴ注释35、36

Louis Ⅻ, King of France　法国国王路易十二　4,11,19,26,55,56,119,Ⅱ注释4、5

Louis ⅩⅣ, King of France　法国国王路易十四　8

Louvre　卢浮宫　12,45

Low Countries　低地国家　92,95,112

Lübke, Willhelm　威尔·吕布克　Ⅰ注释7

Lucian　吕西安　40

Lucretius　卢克莱修　40

Luther, Martin　马丁·路德　33,70,72,85,88—89,Ⅳ注释1、9、19

Luxemburg　卢森堡　92

Philiberte de 卢森堡的菲里伯特 95

Lyon 里昂 14,29,92,93,95,98,107,112,114,116,118,120,
Ⅴ注释2、21、31、32

Madrid 马德里 Ⅰ注释20,Ⅴ注释2、10
 Treaty of 《马德里条约》 48,Ⅰ注释20
Maillard, Olivier 奥利弗·梅拉德 Ⅳ注释4
Mailles, Jacques 雅克·马乐 Ⅱ注释5
Major, J. Russell J.卢梭·马约 Ⅴ注释38
Mâle, Emile 埃米尔·马勒 51,53,54,82,Ⅲ注释10、12
Mandrou, Robert 罗伯特·曼德罗 Ⅰ注释18
Mantegna, Andrea 安德烈亚·曼坦纳 56,63,66,Ⅲ注释28
Marguerite of Navarre 纳瓦尔的马格丽特 82,Ⅳ注释10
Marseille 马赛 15,107,Ⅰ注释18
Martin, Henri-Jean 亨利-让·马丁 Ⅱ注释10
Masaccio, Thomas 托马斯·马萨乔 56,63
Masson, Paul 保罗·马松 107,Ⅰ注释18
Master of Flémalle 弗莱芒大师 Ⅲ注释13
Master of the Death of Mary 《圣母之死》 49
Maulda-la-Clavière, René de 勒内·德·毛尔德-拉-克拉维尔 Ⅰ
 注释6,Ⅱ注释3,Ⅳ注释3
Mazzini, Franco 弗兰克·马兹尼 Ⅲ注释7
Meaux 莫城 14,85
Melanchthon, Philip 菲利普·梅兰西顿 89,Ⅳ注释19
Mellen, Petet 彼得·梅伦 Ⅲ注释31
Mely, F. de F.德.梅利 106,Ⅴ注释25
Menot, Michel 米歇尔·蒙诺特 Ⅳ注释4
Merchant 商人 xvii,84,91—99,103,105,106—110,112,115,
 Ⅴ注释4、11、16、25
Mesmes, Henri 亨利·梅斯美 37,Ⅱ注释23

索 引

Mesnil, Jacques 雅克·麦斯尼尔 60,61,62,Ⅲ注释 27
Metsys, Quentin 昆廷·梅特斯 105—106
Michelangelo 米开朗基罗 62
Michele, Jules 朱利斯·米西列 2,72,77,90,Ⅰ注释 2,Ⅳ注释 6
Middle class 中产阶级 27,54,55,63—64,80—81,83,84,87
Milan 米兰 26,61,Ⅱ注释 4,Ⅲ注释 28
Mols, Roger 罗杰尔·莫尔 Ⅰ注释 28
Montaigne, Michel de 米歇尔·德·蒙塔尤 Ⅰ注释 8
Montaigu, see College 蒙塔尤 见学院
Montefeltro, Federigo da, Duck of Urbion 费德里戈·达·蒙泰费特罗,乌尔比诺公爵 62,63
Montmor Collection 蒙特摩尔收藏室 16—17
Montpellier 蒙特彼埃大学 39,41,116,Ⅰ注释 30
Morineau, Michel 米歇尔·莫里内 Ⅰ注释 16
Moriondo, Margherita Lenzini 马格丽特·伦兹尼·莫里昂多 Ⅲ注释 7
Müller, Theodor 西奥多·穆勒 Ⅲ注释 6
Munster, Sebastian 塞巴斯蒂安·明斯特 4,Ⅰ注释 4
Mysticism 神秘主义 32,81

Naples 那不勒斯 118,120,Ⅰ注释 24,Ⅱ注释 4,Ⅴ注释 37
Navarre, see College 纳瓦尔 见学院
Nemours, Duke of 内穆尔公爵 120
Netherland, see Low Countries 尼德兰,见低地国家
Nicolay, Nicolas de 尼古拉·德·尼科莱 95
Nobles 贵族 6—7,8,19,27,110,121,Ⅲ注释 5,Ⅴ注释 38
Noonan, John T. 约翰·T.努南 Ⅴ注释 29
Novara 诺瓦拉 26,Ⅱ注释 4
Nuremberg 纽伦堡 33,65

Ockham 奥卡姆 79,80,Ⅳ注释7
Oehme, Ruthardt 卢萨德·奥哈姆 Ⅰ注释4
Omont, H. H.奥蒙特 Ⅱ注释10
Oporinus 奥普林纳斯 35,Ⅱ注释29
Orange, house of 奥兰治家族 95,96
Orleans, house of 奥尔良家族 117
Ourliac, Paul 保罗·奥利雅克 Ⅳ注释7

Padua 帕都亚 20,60
Painting, school of 画派
    Avignon 阿维尼翁 49,Ⅲ注释8
    Burgundy 勃艮第 49—55
    Cologne 科隆 49,Ⅲ注释7
    Falanders 弗兰德尔 46,62—64
    Fontainebleau 枫丹白露 Ⅲ注释29
    Italy 意大利 46,50,56—57,65,68,69,
    Sienna 锡耶纳 50
Panofsky, Erwin 埃尔温·潘诺夫斯基 Ⅱ注释1,Ⅲ注释9
Pantagruel 庞大固埃 43
Paradin, Guillaume 纪尧姆·帕拉丁 Ⅴ注释5
Paris 巴黎 4,12,30,36,58,96,116,120,Ⅱ注释6、16,Ⅳ注释4、11、16
Parma 帕尔玛 Ⅰ注释24
Pavia 帕维亚 12,20,Ⅰ注释20、23,Ⅱ注释5
Perpignan 佩皮里昂 116,120,Ⅴ注释36
Philandrier, Guillaume 纪尧姆·弗兰达利尔 65,Ⅲ注释25
Philip Ⅱ King of Spain 西班牙国王菲里普二世 95
Philip the Good, Duke of Burgundy 勃艮第公爵善人菲里普 47,Ⅲ注释4、5

索 引

Piaget, Arthur 亚瑟·皮雅格特 Ⅳ注释 15
Picardy 皮卡迪地区 48,49
Pincé family 潘斯家族 120
Pirenne, Henri 亨利·皮朗 28
Plat, Jean 让·普拉普 116
Plato 柏拉图 29,65
Plattard, Jean 让·普拉塔德 Ⅰ注释 5,Ⅲ注释 23,
Platter, Felix 普拉特·费里克斯 36,39,Ⅰ注释 30,Ⅱ注释 17、24
Platter, Tomas the elder 老托马斯·普拉特 22,33—35,36,39,Ⅰ注释 32,Ⅱ注释 17
Platter, Tomas the younger 小托马斯·普拉特 Ⅱ注释 17
Pollaiuolo, Antonio and Piero 安东尼奥和皮耶罗·波赖乌利 63
Poncher family 庞彻家族 120
Porcher Jean 让·波尔谢 Ⅲ注释 9
Portal, Charles 查尔斯·博特尔 Ⅰ注释 31
Portinari, Thomas 托马斯·波尔蒂纳里 57,59
Portugal 葡萄牙 103,Ⅴ注释 3
Postel, Guillaume 纪尧姆·波斯塔尔 36
Potosi mines 波托西银矿 104,105,Ⅴ注释 23、24
Presles; see College 普雷斯勒斯
Primaticcio, Francesco 弗兰西斯科·普里马提乔 44,67,Ⅲ注释 1、29
Printing 印刷术 28—31,Ⅱ注释 10
Proudhon, Pierre-Josephe 皮埃尔-约瑟夫·蒲鲁东 88—90,Ⅳ注释 21
Pussot, Jean 让·普索特 Ⅰ注释 29
Puyvelde, Leo van 立奥·冯·普伊维尔德 Ⅴ注释 25
Pyet, Guillaume 纪尧姆·皮特 Ⅴ注释 19

Rabelais, François 弗朗索瓦·拉伯雷 32,36,43,65,Ⅰ注释5、9,Ⅱ注释15、22,Ⅲ注释25,Ⅳ注释13、16

另见 Brother Lardoon, Epistémon, Frère Jean, Gargantua, Janotus de Bragmardo, Pantagruel, Thubal Holofernes

Ramus, Peter 拉姆斯·彼得 36,

Raphael Santi 桑蒂·拉斐尔 56,

Ravenna 拉万纳 26,Ⅱ注释4、5

Réau, Louis 路易斯·雷奥 Ⅲ注释2

Reform 宗教改革 1,2,68,70—72,78,81,82,85—86,88—90,91,Ⅳ注释9、19

Renaissance 文艺复兴 1,2,24,28,31,32,35,42,44,45,47,68,77,91,106,Ⅱ注释1

Renaudet, Augustin 奥古斯丁·内诺德 Ⅱ注释12、21,Ⅳ注释7、8

René de Provence 勒内·德·普罗旺斯 47,Ⅲ注释4

Reymervale, Marinus van 马里纳斯·瓦·雷美瓦勒 106,Ⅴ注释25

Rhenanus, Beatus 贝亚图斯·雷纳努斯 35

Robert, Ulysses 乌里塞·罗伯特 Ⅴ注释13

Rodez 罗德兹 14,120

Roger van der Weyden 罗杰·冯·德尔·威登 46

Roman roads 罗马大道 92,Ⅴ注释5

Rome 罗马 23,58,62,65,70,95,Ⅳ注释1

Romier, Lucien 吕西安·洛米尔 Ⅰ注释6

Roqutte(merchant) 罗奎特(商人) 98,120

Rosso, Gian Battista 吉安·巴蒂斯托·罗索 67

Roussillon 罗斯林 98,Ⅴ注释36

Ruzé, Jeanne de 让娜·德·鲁泽 117

Sainéan, Lazare 拉扎利·塞内恩 Ⅲ注释26

索 引

Sandys, John Edwin 约翰·埃德温·桑迪斯 Ⅱ注释16
Sapidus, Johannes 约翰·萨皮都斯 34
Savonne, Pierre de 皮埃尔·德·萨翁 107,108
Savoy 萨伏依 48,95
Scheel, Otto 奥托·希尔 Ⅳ注释1
Schetzler, Charles 查尔斯·谢特勒 Ⅱ注释2
Scholliers, E. E.斯科里尔 Ⅰ注释13
Semblançay, Jacques de Beaune, lord of 森布兰卡勋爵雅克·德·伯内 115—119
Serlio, Sebastiano 塞巴斯蒂亚诺·塞利奥 Ⅲ注释24
Serres, Olivier de 奥立弗·德·赛勒斯 Ⅰ注释10
Servetus, Michael 迈克·塞维图斯 88,Ⅳ注释17、18
Seward, Desmond 戴斯蒙德·塞沃德 Ⅲ注释1、29
Sofrza, Ludovico 德维柯·斯福查 Ⅱ注释4
Signorelli, Luca 卢卡·希格诺内利 56,61
Simone, Franco 弗兰科·西蒙尼 Ⅱ注释1
Sluter, Claus 克劳斯·斯吕特 49,Ⅲ注释6
Soetbeer, Adolf 阿道夫·索特比尔 103,Ⅴ注释20
Sophocles 索福克里斯 37
Sorbonne 索邦 86
Spain 西班牙 23,96,103,104,105,Ⅴ注释3、31
Sponrt, Alfred 阿尔弗雷德·斯本特 Ⅴ注释34
Spooner, Frank C. 弗兰克·C.斯普勒 Ⅴ注释14、16、21、27
Standonck, Jean 让·斯丹东克 36,Ⅱ注释21
Stechow, Wolfgang 沃尔夫冈·斯特乔 Ⅲ注释22
Steinmann, Ernst 埃内斯特·斯泰曼恩 Ⅲ注释16
Stouff, Louis 路易斯·斯多夫 Ⅰ注释17、18
Sulpitius, Johannes(or Giovanni Sulpitio) 乔万尼·苏尔皮提乌斯（或乔万尼·苏尔皮兹奥） Ⅰ注释12,Ⅱ注释11
Switzerland 瑞士 25,Ⅴ注释18

Taille 人头税 102,118,Ⅴ注释38

Theveney, Jean 让·特维内 93

Thubal Holofernes 图巴·霍洛芬内斯 86,Ⅳ注释16

Titian, Tiziano Vecllio 蒂齐亚诺·韦切利奥·提香 64

Tommaseo, Nicolò 尼科洛·托马索 Ⅰ注释27

Tory, Geoffroy 杰弗瑞·托利 Ⅲ注释26

Toulouse 图卢兹 14,37,98,120

Tournes, Jean de 让·都尔奈 107

Tours 都尔 58,115,116,120

Travel 旅行 12—19,20—23,33—34,40,41,46,58,64,85,92—93,96,97

Tremoille; see La Tremoille 塔尔蒙

Tres Riches Heures of the Duck of Berry. See also Book of Hours 伯利公爵的《黄历》 50,51,Ⅲ注释9,参见历书

Trivulzio, Gian-Giacopo 吉安-基亚克伯·特里武兹奥 26,Ⅱ注释4、5

Trousseau family 特卢梭家族 83

Tullier, Pierre 皮埃尔·图里尔 83,Ⅳ注释12

Uccello, Paulo 保罗·乌切洛 63

Uffizi palace 乌菲齐官 7,57

Vaillé, Eugene 尤金·瓦勒 Ⅴ注释1

Vaissière, Pierre de 皮埃尔·德·瓦谢尔 Ⅰ注释6

Valais 瓦莱 22,33,Ⅱ注释18

Vasari, Giorgio 乔治·瓦萨里 58,Ⅲ注释3

Vasconcellos, Joachim de 乔希姆·德·瓦斯康塞洛斯 62

Veneziano, Domenico 多梅尼科·韦内齐亚诺 63

Venice 威尼斯 18,29,41,64,65,95,105,Ⅱ注释16,Ⅲ注释19

Venturi, Lionello 李奥内罗·文图里 Ⅲ注释28

索　引

Verlinden, C.　C.凡林登　Ⅰ注释13

Verocchio, Andrea del　安德烈·德尔·维罗乔　63

Vesalius, André　安德烈·维萨留斯　41，Ⅱ注释29

Vial, M.　M.维亚尔　114

Vidal, August　奥古斯都·维达尔　Ⅰ注释31

Vigouroux family　维古鲁家族　120

Viret, Pierre　皮埃尔·威瑞特　25，Ⅱ注释2

Virgil, Publius Virgilius Maro　帕布里乌斯·维基留斯·马洛·维吉尔　37

Vitruvius, Marcus Pollio　马库斯·波利奥·维特鲁威　65，Ⅲ注释24

Wolfe, Martin　马丁·沃尔夫　Ⅴ注释8、30、34、38

Zwingli, Ulric　乌尔里希·慈温利　35，85

译 后 记

在中国史学界,费弗尔常常只作为年鉴学派的创始人而被提及。直到最近,费弗尔的著作才开始被翻译成中文(吕西安·费弗尔著、许明龙译《莱茵河:历史、神话和现实》,辽宁教育出版社,2003)。实际上,吕西安·费弗尔是国际公认的20世纪史学大师。费弗尔(1878—1956)出生于法国洛林地区一个知识分子家庭,1902年毕业于巴黎高等师范学校,1911年获巴黎大学博士学位,后长期担任斯特拉斯堡大学中世纪史教授,1933年当选为法兰西学院教授。

费弗尔在史学领域的耕耘,主要贡献表现在两个方面:第一,在史学研究,费弗尔一生主要致力于16世纪研究,出版的著作主要有:《腓力二世和弗朗什—孔泰省》、《马丁·路德:一种命运》、《十六世纪不信教问题:拉伯雷的宗教信仰》、《热爱神圣还是热爱世俗:〈七日谈〉的作者》等。第二,自1929年费弗尔与布洛赫共同创办《年鉴》杂志起,他就在自己的著作、演讲和为《年鉴》等杂志撰写的文章和书评中,不辞辛劳地宣传这种史学思想。1953年,他收集了这些文章、评论和演讲,以《为史学辩护》之名出版。

本书收集的五篇论文是费弗尔1929年即他与马克·布洛赫创办《年鉴》杂志之前撰写的。这些论文不仅有助于我们了解16世纪法国的历史面貌,而且可以窥见后来费弗尔史学研究方法的端倪。本书译自英文版,而不是从法文版直接移译,这可能是一

译 后 记

个遗憾。但英文版译者增加了详细的注释,这又成为本书的一大亮点。这些注释包括了法文、英文、德文、拉丁文,给译者带来了不少困难。

施　诚

2009 年 8 月

上海三联人文经典书库

已出书目

1. 《世界文化史》(上、下) 〔美〕林恩·桑戴克 著 陈廷璠 译
2. 《希腊帝国主义》 〔美〕威廉·弗格森 著 晏绍祥 译
3. 《古代埃及宗教》 〔美〕亨利·富兰克弗特 著 郭子林 李凤伟 译
4. 《进步的观念》 〔英〕约翰·伯瑞 著 范祥涛 译
5. 《文明的冲突:战争与欧洲国家体制的形成》 〔美〕维克多·李·伯克 著 王晋新 译
6. 《君士坦丁大帝时代》 〔瑞士〕雅各布·布克哈特 著 宋立宏 熊莹 卢彦名 译
7. 《语言与心智》 〔俄〕科列索夫 著 杨明天 译
8. 《修昔底德:神话与历史之间》 〔英〕弗朗西斯·康福德 著 孙艳萍 译
9. 《舍勒的心灵》 〔美〕曼弗雷德·弗林斯 著 张志平 张任之 译
10. 《诺斯替宗教:异乡神的信息与基督教的开端》 〔美〕汉斯·约纳斯 著 张新樟 译
11. 《来临中的上帝:基督教的终末论》 〔德〕于尔根·莫尔特曼 著 曾念粤 译
12. 《基督教神学原理》 〔英〕约翰·麦奎利 著 何光沪 译
13. 《亚洲问题及其对国际政治的影响》 〔美〕阿尔弗雷德·马汉 著 范祥涛 译
14. 《王权与神祇:作为自然与社会结合体的古代近东宗教研究》

（上、下）〔美〕亨利·富兰克弗特　著　郭子林　李　岩　李凤伟　译

15. 《大学的兴起》〔美〕查尔斯·哈斯金斯　著　梅义征　译
16. 《阅读纸草，书写历史》〔美〕罗杰·巴格诺尔　著　宋立宏　郑　阳　译
17. 《秘史》〔东罗马〕普罗柯比　著　吴舒屏　吕丽蓉　译
18. 《论神性》〔古罗马〕西塞罗　著　石敏敏　译
19. 《护教篇》〔古罗马〕德尔图良　著　涂世华　译
20. 《宇宙与创造主：创造神学引论》〔英〕大卫·弗格森　著　刘光耀　译
21. 《世界主义与民族国家》〔德〕弗里德里希·梅尼克　著　孟钟捷　译
22. 《古代世界的终结》〔法〕菲迪南·罗特　著　王春侠　曹明玉　译
23. 《近代欧洲的生活与劳作（从15—18世纪）》〔法〕G.勒纳尔　G.乌勒西　著　杨军　译
24. 《十二世纪文艺复兴》〔美〕查尔斯·哈斯金斯　著　张　澜　刘　疆　译
25. 《五十年伤痕：美国的冷战历史观与世界》（上、下）〔美〕德瑞克·李波厄特　著　郭学堂　潘忠岐　孙小林　译
26. 《欧洲文明的曙光》〔英〕戈登·柴尔德　著　陈淳　陈洪波　译
27. 《考古学导论》〔英〕戈登·柴尔德　著　安志敏　安家瑗　译
28. 《历史发生了什么》〔英〕戈登·柴尔德　著　李宁利　译
29. 《人类创造了自身》〔英〕戈登·柴尔德　著　安家瑗　余敬东　译
30. 《历史的重建：考古材料的阐释》〔英〕戈登·柴尔德　著　方辉　方堃杨　译
31. 《中国与大战：寻求新的国家认同与国际化》〔美〕徐国琦　著　马建标　译
32. 《罗马帝国主义》〔美〕腾尼·弗兰克　著　宫秀华　译

33.《追寻人类的过去》 ［美］路易斯·宾福德　著　陈胜前　译
34.《古代哲学史》 ［德］文德尔班　著　詹文杰　译
35.《自由精神哲学》 ［俄］尼古拉·别尔嘉耶夫　著　石衡潭　译
36.《波斯帝国史》 ［美］A.T.奥姆斯特德　著　李铁匠等　译
37.《战争的技艺》 ［意］尼科洛·马基雅维里　著　崔树义　译　冯克利　校
38.《民族主义：走向现代的五条道路》 ［美］里亚·格林菲尔德　著　王春华等　译　刘北成　校
39.《性格与文化：论东方与西方》 ［美］欧文·白璧德　著　孙宜学　译
40.《骑士制度》 ［英］埃德加·普雷斯蒂奇　编　林中泽　等译
41.《光荣属于希腊》 ［英］J.C.斯托巴特　著　史国荣　译
42.《伟大属于罗马》 ［英］J.C.斯托巴特　著　王三义　译
43.《图像学研究》 ［美］欧文·潘诺夫斯基　著　戚印平　范景中　译
44.《霍布斯与共和主义自由》 ［英］昆廷·斯金纳　著　管可秾　译
45.《爱之道与爱之力：道德转变的类型、因素与技术》 ［美］皮蒂里姆·A.索罗金　著　陈雪飞　译
46.《法国革命的思想起源》 ［法］达尼埃尔·莫尔内　著　黄艳红　译
47.《穆罕默德和查理曼》 ［比］亨利·皮朗　著　王晋新　译
48.《16世纪的不信教问题：拉伯雷的宗教》 ［法］吕西安·费弗尔　著　赖国栋　译
49.《大地与人类演进：地理学视野下的史学引论》 ［法］吕西安·费弗尔　著　高福进　等译　［即出］
50.《法国文艺复兴时期的生活》 ［法］吕西安·费弗尔　著　施诚　译
51.《希腊化文明与犹太人》 ［以］维克多·切利科夫　著　石敏敏　译
52.《古代东方的艺术与建筑》 ［美］亨利·富兰克弗特　著　郝

海迪　袁指挥　译
53.《欧洲的宗教与虔诚：1215—1515》　[英]罗伯特·诺布尔·斯旺森　著　龙秀清　张日元　译
54.《中世纪的思维：思想情感发展史》　[美]亨利·奥斯本·泰勒　著　赵立行　周光发　译
55.《论成为人：神学人类学专论》　[美]雷·S.安德森　著　叶汀　译
56.《自律的发明：近代道德哲学史》　[美]J.B.施尼温德　著　张志平　译
57.《城市人：环境及其影响》　[美]爱德华·克鲁帕特　著　陆伟芳　译
58.《历史与信仰：个人的探询》　[英]科林·布朗　著　查常平　译
59.《以色列的先知及其历史地位》　[英]威廉·史密斯　著　孙增霖　译
60.《欧洲民族思想变迁：一部文化史》　[荷]叶普·列尔森普　著　周明圣　骆海辉　译
61.《有限性的悲剧：狄尔泰的生命释义学》　[荷]约斯·德·穆尔　著　吕和应　译
62.《希腊史》　[古希腊]色诺芬　著　徐松岩　译注
63.《罗马经济史》　[美]腾尼·弗兰克　著　王桂玲　杨金龙　译
64.《修辞学与文学讲义》　[英]亚当·斯密　著　朱卫红　译
65.《从宗教到哲学：西方思想起源研究》　[英]康福德　著　曾琼　王涛　译
66.《中世纪的人们》　[英]艾琳·帕瓦　著　苏圣捷　译
67.《世界戏剧史》　[美]G.布罗凯特　J.希尔蒂　著　周靖波　译
68.《20世纪文化百科词典》　[俄]瓦季姆·鲁德涅夫　著　杨明天　陈瑞静　译
69.《英语文学与圣经传统大词典》　[美]戴维·莱尔·杰弗里（谢大卫）主编　刘光耀　章智源等　译

70. 《刘松龄——旧耶稣会在京最后一位伟大的天文学家》 [美]斯坦尼斯拉夫·叶茨尼克 著 周萍萍 译
71. 《地理学》 [古希腊]斯特拉博 著 李铁匠 译
72. 《马丁·路德的时运》 [法]吕西安·费弗尔 著 王永环 肖华峰 译
73. 《希腊化文明》 [英]威廉·塔恩 著 陈恒 倪华强 李月 译
74. 《优西比乌：生平、作品及声誉》 [美]麦克吉佛特 著 林中泽 龚伟英 译
75. 《马可·波罗与世界的发现》 [英]约翰·拉纳 著 姬庆红 译
76. 《犹太人与现代资本主义》 [德]维尔纳·桑巴特 著 艾仁贵 译
77. 《早期基督教与希腊教化》 [德]瓦纳尔·耶格尔 著 吴晓群 译
78. 《希腊艺术史》 [美]F·B·塔贝尔 著 殷亚平 译
79. 《比较文明研究的理论方法与个案》 [日]伊东俊太郎 梅棹忠夫 江上波夫 著 周颂伦 李小白 吴玲 译
80. 《古典学术史：从公元前6世纪到中古末期》 [英]约翰·埃德温·桑兹 著 赫海迪 译
81. 《本笃会规评注》 [奥]米歇尔·普契卡 评注 杜海龙 译
82. 《伯里克利：伟人考验下的雅典民主》 [法] 樊尚·阿祖莱 著 方颂华 译
83. 《旧世界的相遇：近代之前的跨文化联系与交流》 [美] 杰里·H.本特利 著 李大伟 陈冠堃 译 施诚 校
84. 《词与物：人文科学的考古学》修订译本 [法]米歇尔·福柯 著 莫伟民 译
85. 《古希腊历史学家》 [英]约翰·伯里 著 张继华 译
86. 《自我与历史的戏剧》 [美]莱因霍尔德·尼布尔 著 方永 译
87. 《马基雅维里与文艺复兴》 [意]费代里科·沙博 著 陈玉聃 译

88.《追寻事实:历史解释的艺术》 [美]詹姆士 W.戴维森 著 [美]马克 H.利特尔著 刘子奎 译
89.《法西斯主义大众心理学》 [奥]威尔海姆·赖希 著 张峰 译
90.《视觉艺术的历史语法》 [奥]阿洛瓦·里格尔 著 刘景联 译
91.《基督教伦理学导论》 [德]弗里德里希·施莱尔马赫 著 刘平 译
92.《九章集》[古罗马]普罗提诺 著 应明 崔峰 译
93.《文艺复兴时期的历史意识》 [英]彼得·伯克 著 杨贤宗 高细媛 译
94.《启蒙与绝望:一部社会理论史》 [英]杰弗里·霍松 著 潘建雷 王旭辉 向辉 译
95.《曼多马著作集:芬兰学派马丁·路德新诠释》 [芬兰]曼多马 著 黄保罗 译

欢迎广大读者垂询,垂询电话:021-22895540

图书在版编目(CIP)数据

法国文艺复兴时期的生活/[法]吕西安·费弗尔(Febvre,L.)著;施诚译.—上海:上海三联书店,2018.10
(上海三联人文经典书库)
ISBN 978-7-5426-2998-2

Ⅰ.①法… Ⅱ.①吕…②施… Ⅲ.文艺复兴-历史-法国
Ⅳ.K565.3

中国版本图书馆 CIP 数据核字(2009)第 014020 号

法国文艺复兴时期的生活

著　者 / [法]吕西安·费弗尔
译　者 / 施　诚

责任编辑 / 黄　韬
装帧设计 / 夏艺堂
监　制 / 姚　军
责任校对 / 张大伟

出版发行 / 上海三联书店
　　　　　(200030)中国上海市漕溪北路 331 号 A 座 6 楼
邮购电话 / 021-22895540
印　刷 / 上海展强印刷有限公司

版　次 / 2018 年 10 月第 1 版
印　次 / 2018 年 10 月第 1 次印刷
开　本 / 640×960　1/16
字　数 / 130 千字
印　张 / 9.5
书　号 / ISBN 978-7-5426-2998-2/C·300
定　价 / 45.00 元

敬启读者,如发现本书有印装质量问题,请与印刷厂联系 021-66510725